内蒙古自然基金项目（2020MS07015）资

我国老龄人口生计问题研究

乌仁格日乐◎著

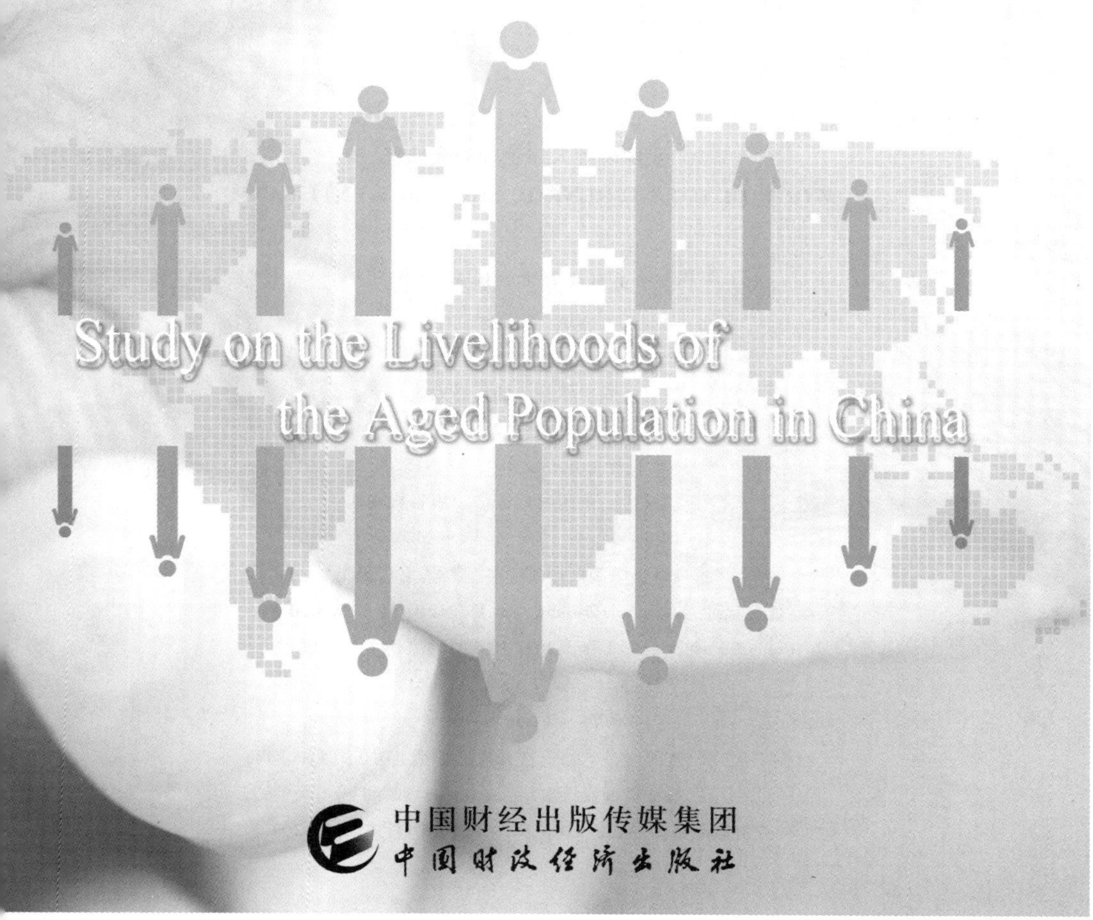

Study on the Livelihoods of the Aged Population in China

中国财经出版传媒集团
中国财政经济出版社

图书在版编目（CIP）数据

我国老龄人口生计问题研究 / 乌仁格日乐著. --北京：中国财政经济出版社，2021.5

ISBN 978-7-5223-0460-1

Ⅰ. ①我… Ⅱ. ①乌… Ⅲ. ①老人问题-研究-中国 Ⅳ. ①D669.6

中国版本图书馆 CIP 数据核字（2021）第 054018 号

责任编辑：闫 娟 庄 莉　　责任校对：张 凡
封面设计：孙俪铭　　责任印制：刘春年

我国老龄人口生计问题研究

WOGUO LAOLING RENKOU SHENGJI WENTI YANJIU

中国财政经济出版社 出版

URL：http：//www.cfeph.cn

E-mail：cfeph@cfeph.cn

社址：北京市海淀区阜成路甲 28 号 邮政编码：100142

营销中心电话：010-88191522

天猫网店：中国财政经济出版社旗舰店

网址：https：//zgczjjcbs.tmall.com

北京财经印刷厂印刷 各地新华书店经销

成品尺寸：170mm×240mm 16 开 12 印张 152 000 字

2021 年 5 月第 1 版 2021 年 5 月北京第 1 次印刷

定价：50.00 元

ISBN 978-7-5223-0460-1

（图书出现印装问题，本社负责调换，电话：010-88190548）

本社质量投诉电话：010-88190744

打击盗版举报热线：010-88191661 QQ：2242791300

前言

可持续生计思想起源于20世纪八九十年代，主要用来分析这样的一个框架：以研究人的发展为核心，沿着“资产—可获得性—活动”的主线，从发展的角度开展研究，主要用于贫困、可持续发展等问题的综合研究。近些年国外学者关于生计问题的研究主要集中在生计资本、生计多样性和生计策略等问题以及面向农户或者贫困群体的可持续生计问题研究。从国内学术界研究进展而言，针对失地农民和生态脆弱地区农牧民生计问题展开的研究颇为多见，但针对老龄人口这个特殊群体的生计问题开展的研究较为少见。那么，在人口老龄化已经成为世界性问题的当下，老龄人口的生计是否可持续或者生活质量如何是值得社会广泛关注的问题。

中国作为发展中人口大国，从21世纪初进入老龄社会以来一直致力于积极应对人口老龄化，采取多种举措缓解人口老龄化对中国社会经济带来的冲击，并取得了举世瞩目的成就。养老问题是应对人口老龄化过程中首先需要解决的重要问题之一。近些年，我国社会保障事业发展取得了较好的成绩，尤其是养老保险制度的覆盖面、参保率以及养老金待遇水平都得到了空前的提高，但是城乡差异以及老年贫困等问题依然突出。随着社会经济的快速发展，人民生活水平大幅提高，人均预期寿命不断延长，人们处于老年阶段的时间在增加，因而需要关注老龄人口的生计可持续性，以此缓解当前人口老龄化背景下养老金支付压力，保证我国当前社会保障制度的可持续性。因此，本书针对老龄人口这个特殊群体，从生计资本、生计策略和生计风险角度对其进行研究，不仅可以在学术领域为老年人生计问题研究领域的薄弱环节添砖加瓦，还可以为建立和完善我国农村养老保障和家庭支持政策，提出有针对性和可操作性的政策建议。

本书开拓性地选择老龄人口这个特殊群体作为研究对象，从生计资本、生计策略以及其面临的生计风险着手，分析生计资本对老龄人口生活满意度的影响以及劳动参与行为，最后提出改善老龄人口生计的有效途径。全部内容共分为七章。

第一章为绪论，主要介绍本书的研究背景、研究目的、研究意义及研究方法和国内外研究进展等。

第二章为老年人生计问题研究的理论基础，介绍了本书中涉及的相关理论，包括可持续生计理论、家庭生命周期理论、老龄化相关理论和代际关系相关理论等。

第三章为我国人口老龄化及老龄人口生计资本现状，本章主要介绍了我国人口老龄化概况及其特征和我国老龄人口生计现状，人口老龄化概况通过生育率、预期寿命、老年人口增长率和老年抚养比等指标来反映；老龄人口生计现状则依据理论基础中可持续生计理论，将从人力资本、自然资本、物质资本、金融资本和社会资本五个方面加上老龄人口特有的转移性收入介绍。

第四章为我国老龄人口生计策略及面临的生计风险，本章主要介绍我国老龄人口生计策略的差异性，即我国老龄人口生计策略可分为以保障性收入为主、以经营性收入为主、以转移性收入为主和以资产性收入为主四种；而我国老龄人口面临的生计风险则可分为经济风险、健康风险、代际风险和社会风险四类。不同特质的老龄人口，其生计策略和面临的生计风险则不同，例如空巢和非空巢、农村和城镇或从事农业劳动和非农业劳动的群体之间具有显著差异性。

第五章为基于生计资本视角的老龄人口生活满意度分析，本章主要利用 CHARLS2018 数据库，运用实证分析方法，分析老龄人口生活满意度的影响因素，其中重点关注生计资本的影响和空巢和非空巢、农村和城镇老年人生活满意度的差异性。

第六章为我国老龄人口劳动参与行为及其影响因素分析，本章基于前面的代际风险相关分析，即代际关系影响老龄人口生计风险及不同特征老龄人口的主要生计来源和生计资本存在差异的现实，同样利用

CHARLS2018 数据库，运用实证分析方法，在家庭代际框架内分析老龄人口劳动参与行为。具体研究中，也将样本分为从事农业劳动和非农业劳动两个子样本进行对比分析，从而挖掘不同主体劳动参与意愿的差异性。

第七章为结论和政策建议。本章则总结主要结论，基于研究目的和结论，提出改善老龄人口生计的有效途径。

目录

第一章

绪　论

第一节 研究背景、研究目的及研究意义

一、研究背景

人口老龄化是社会经济发展的必然产物，最早进入老龄化行列的国家大多是发达国家，随着世界经济的不断发展，人口老龄化问题已然成为全球面临的问题。联合国的报告表明，几乎所有国家都面临人口老龄化问题，世界老龄人口（60 岁及以上）占比从 1990 年的 9.2%，增加到 2020 年的 13.5%①。而全球老龄人口的近四分之一在中国，中国是当前老龄人口最多的国家。根据我国统计数据显示，到 2019 年底，中国 60 岁及以上老龄人口数量达到 2.54 亿人，占总人口的 18.1%，65 周岁及以上人口达 17603 万人，占总人口的 12.6%②。根据联合国人口署的统计数据，2020 年中国 65 岁及以上老龄人口数量占总人口比重为 12%，远高于世界平均水平 9.3%，中国 65 岁及以上老龄人口占全世界 65 岁及以上老龄人口的 23.83%③。与此同时，中国生育率持续走低，人均预期寿命不断延长，加剧了人口老龄化进程。据联合国 2020 年统计数据，中国平均每位育龄妇女生育 1.7 孩，远低于世界平均水平 2.4 孩，中国人均预期寿命为 77 岁，高于世界平均年龄 73 岁④。因此，未来我国老龄化程度在世界格局中位次不断上升，预计到 2050 年时全世界排名第 33 位，与发达国家水平相当。以上数据足以证明，中国人口

① 联合国官网统计数据 http://data.un.org.

② 2020—2026 年中国人口老龄化行业市场营销战略及供需形势分析报告 [R].

③ https://www.unfpa.org/data/world-population/CN.

④ 联合国官网统计数据 http://data.un.org.

老龄化问题较为突出，并伴有加速老龄化和高龄化特征。

从2000年进入老龄社会以来，我国对如何应对人口老龄化问题做了多方部署。近年来，我国更是不断提高对老龄化问题的重视程度，从国家发展战略的高度提出了应对老龄化的政策建议。在2020年10月通过的《中共中央关于制定国民经济和社会发展第十四个五年规划和二〇三五年远景目标的建议》（以下简称《建议》）中明确提出，实施积极应对人口老龄化国家战略，制定人口长期发展战略，优化生育政策，增强生育政策包容性，提高优生优育服务水平，发展普惠托育服务体系，降低生育、养育、教育成本，促进人口长期均衡发展，提高人口素质；积极开发老龄人力资源，发展银发经济；推动养老事业和养老产业协同发展，健全基本养老服务体系，发展普惠型养老服务和互助性养老，支持家庭承担养老功能，培育养老新业态，构建居家社区机构相协调、医养康养相结合的养老服务体系，健全养老服务综合监管制度[①]。《建议》中明确了未来应对老龄化问题的重要领域和主要举措。

养老问题是应对人口老龄化的首要问题之一。近些年，我国社会保障事业发展取得了较好的成绩，尤其是养老保险制度的覆盖面、参保率以及养老金待遇水平都得到了空前的提高，但是城乡差异以及老年贫困等问题依然突出。随着国家精准扶贫政策不断推进，我国整体贫困率已持续下降，但老年人口贫困问题仍然严重。对于我国老年贫困发生率问题，很多学者进行了测算，例如乐章和刘二鹏（2016）基于2011年中国老龄健康影响因素跟踪调查（CLHLS）数据，测算出农村老年贫困率为24.50%[②]。朱晓和范文婷（2017）基于2014年中国老年社会追踪调查（CLASS）数据，测算出城镇老年人口贫困率在12.33%—29.72%，

① 国务院. 中共中央关于制定国民经济和社会发展第十四个五年规划和二〇三五年远景目标的建议［S］. http://www.gov.cn/zhengce/2020-11/03/content_5556991.htm.

② 乐章，刘二鹏. 家庭禀赋、社会福利与农村老年贫困研究［J］. 农业经济问题，2016（8）：63-73.

农村老年人口贫困率为 35.00%[①]。而李萌等（2019）基于 CHARLS 数据测算出 2015 年我国老年贫困发生率，按国家标准为 45.40%，按联合国标准为 53.70%[②]。中国家庭金融调查（CHFS）数据显示，我国老年人口贫困率由 2014 年的 17.7% 下降至 2018 年的 14.5%。数据显示，2018 年农村老年人口贫困率高达 19.5%，不仅高于农村非老年人口贫困率，更是远高于城镇 1.4% 的老年人口贫困率。可见，无论哪个研究结论，我国老龄人口的贫困发生率较高，老年贫困风险较高。老年贫困发生率较高的原因主要在于，家庭资产积累较少、生计较为单一、健康状况不佳等因素造成的。因此，解决我国老年贫困问题应重点关注老年人生计问题。

二、研究目的

本书的研究目的在于揭示我国老龄人口的生计资本分布现状及面临的生计风险，并通过研究生计资本对老龄人口生活满意度和家庭代际关系对老龄人口劳动参与行为的影响，提出改善老龄人口生计的有效途径。具体的研究目的为：首先，利用 CHARLS2018 调查数据，通过在一个可持续生计的框架下对我国老龄人口的生计资本现状及其面临的生计风险进行描述性分析，揭示我国老龄人口的生计单一性问题本质，为后续研究奠定基础；其次，采用实证分析方法，运用 CHARLS2018 调查数据，从生计资本角度分析我国老龄人口生活满意度的影响因素，以此证实生计的单一性和脆弱性是导致我国老年贫困和养老需求得不到有效满足的重要原因之一；再次，采用实证分析方法，运用 CHARLS2018 调查数据，从家庭代际关系视角研究我国老龄人口劳动参与行为及其影响因

① 朱晓，范文婷．中国老年人收入贫困状况及其影响因素研究——基于 2014 年中国老年社会追踪调查［J］．北京社会科学，2017（1）：90－99.

② 李萌，陆蒙华，张力．老年贫困特征及政策含义——基于 CHARLS 数据的分析［J］．人口与经济，2019（3）：102－114.

素，从而解析增加老龄人口通过劳动性收入提高生计的可能性；最后，根据研究结论提出改善我国老龄人口生计的有效路径。

三、研究意义

早在20世纪80年代，罗伯特·钱伯斯（Robert Chambers）提出生计的思想后，众多学者对该问题进行了补充和发展。近年来，国外学者围绕生计资本、生计多样性和生计策略等问题展开了大量研究，从研究对象的角度而言，很多研究面向农村或者贫困群体进行研究。从国内学术界研究进展而言，针对失地农民和生态脆弱地区农牧民生计问题展开的研究颇为多见，但关注老龄人口这个特殊群体的生计问题开展的研究较为少见。因此，本书针对老龄人口这个特殊群体，从生计资本、生计策略和生计风险角度对其进行研究，不仅可以在学术领域填补老年人生计问题研究领域的缺失，还可以为建立和完善我国农村养老保障和家庭支持政策，提出有针对性和可操作性的政策建议。

本书的选题是当下社会关注度极高的民生问题，具有非常高的研究价值。2019年中共中央国务院印发了《国家积极应对人口老龄化中长期规划》，从夯实应对人口老龄化的社会财富储备、改善人口老龄化背景下的劳动力有效供给、打造高质量的为老服务和产品供给体系、强化应对人口老龄化的科技创新能力和构建养老、孝老、敬老的社会环境等5个方面部署了应对人口老龄化的具体工作任务①。显然，伴随着我国老龄化程度的加深，老龄人口占比不断提高，对我国经济运行、社会建设、国家综合实力和国际竞争力都具有深远的影响。当前，随着我国社会保障制度的日益完善，我国老龄人口养老问题得到了较好的解决，但不可忽视的是我国老年贫困人口规模较大，尤其是高龄老人贫困发生率较高。老年贫困发生率较高的主要原因在于养老的脆弱性和生计的单一

① http：//www. gov. cn/zhengce/2019 - 11/21/content_ 5454347. htm.

性。养老脆弱性作为老年人生活福祉方面的固有特征，是老年人家庭由于缺乏一系列生计资本、制度性支持、面临自然和社会等方面的风险而导致的结果。老年人家庭生计资本的多寡影响到老年人生活福祉的水平，老年人家庭生计资本的匮乏是养老脆弱性的重要来源之一。因此，研究我国老龄人口生计问题对于解决现阶段我国老龄人口面临的养老困境，缓解未来新型城镇化进程以及后贫困时代应对相对贫困和防止返贫问题，维护社会稳定和促进民生发展具有重要的现实意义。

第二节　相关文献综述

生计问题的提出最早可以追溯到20世纪80年代罗伯特·钱伯斯的著作中，之后钱伯斯本人以及其他学者不断发展和拓展该思想及其应用。按照钱伯斯的观点，生计是谋生的方式，该谋生方式以能力（Capabilities），资产（Assets）和活动（Activity）为基础（Champers，1992）[①]。生计思想被提出后，很快受到很多发展机构的青睐，它们广泛接受并运用生计这个概念（Peter Castro，2002）[②]。在不断的实践过程中，生计概念的框架不断得到扩充，不仅以能力、资产和活动为基础，其范畴扩展到一个可持续生计的框架，即基于生计资本，研究采用什么样的生计策略来应对生计风险的可持续生计框架。国外很多研究者和组

① Chambers R, Conway G. Sustainable rural livelihoods: practical concepts for the 21st century [J]. IDS Discussion Paper No. 296. Brighton, Institute of Development Studies, 1992: 296.

② A. Peter Castro, Social Capital, Assets and Responses to Drought: Preliminary Observations from Interviews, South Wello and Oromiya Zones, Amhara Region, Ethiopia [J]. BASIS, 2002 September.

织机构发展了多个生计研究框架（Scoones，1999[①]；Bebbington，1999[②]；Ellis，2000[③]；Morse et al.，2009[④] 等），其中英国国际发展署（DFID）提出的生计分析框架应用最为广泛，最具影响力[⑤]。此后，有大量国内外学者运用该分析框架对生计问题进行了广泛研究。

一、国外关于生计问题的研究进展

纵观国外关于生计问题的研究，大致可以分为以下几方面：

（一）关于生计资本的相关研究

最早，钱伯斯提出的生计思想中提及的生计资本包括能力、资产和活动。之后被很多学者不断扩充，发展到现在，生计资本包括人力资本、物质资本、自然资本、金融资本和社会资本五种[⑥]。很多学者将采用生计分析框架来研究贫困问题，并基于不同的生计资本视角研究不同主体的贫困问题及生计资本的利用问题，也有学者从生计和生计发展的角度研究农民生计，尤其是贫困农户的生计发展问题。例如，Moser CON.（1998）认为研究贫困问题的重点是他们的资产，即应当认清穷人拥有什么，而不是他们没有什么，穷人是复杂资产组合的管理者；他根据“资产脆弱性框架”对城市贫困人口的资产进行了分类，并说明了资产管理如何影响家庭贫困和脆弱性[⑦]。Paul Collier.（1998）认为，

---

① Scoones，I. Sustainable Rural Livelihoods：A Framework for analysis ［J］. IDS Working Paper 72. Institute of Development Studies；Brighton，UK：1998.

② Bebbington A. Capitals and capabilities：a framework for analyzing peasant viability，rural livelihoods and poverty ［J］. World Development，1999，27（12）：2021－2044.

③ Ellis F. Rural Livelihoods and Diversity in Development Countries ［M］. New York：Oxford University Press，2000：26－78.

④ Moser CON. The asset vulnerability framework：Reassessing urban poverty reduction strategies ［J］. World Development，1998，26（1）：1－19.

⑤ 苏芳．可持续生计：理论、方法与应用［M］．中国社会科学出版社，2015：3.

⑥ DFID. Sustainable Livelihoods Guidance Sheets. DFID，London，1999.

⑦ Moser CON. The asset vulnerability framework：Reassessing urban poverty reduction strategies ［J］. World Development，1998，26（1）：1－19.

从经济的角度分析了社会资本问题，他认为社会资本是“社会的”，且在经济上是有益的，因为它产生了社会互动产生的外部性；社会互动的起始和其结果所产生的影响并没有内在化到每个主体的决策演算中；只有当社会资本的影响持续时，它才是“资本”①。学者们不仅关注各种生计资本及其应用问题，还针对不同的对象进行了专门的研究，最为多见的是在城市化过程中出现的大量失地农民的生计问题。Cernea M.（1997）通过分析大量的经验数据，从中找出移民安置的风险与重建的一般趋势和共同特征后，构建了一个理论模型。通过该模型，他捕捉到了强迫迁移和重建对于失地农民生计资本具有显著影响，具体表现在：无土地、无生产性收入来源、粮食不安全、丧失使用共同财产资源的机会、发病率增加和社区脱节等方面②。Vidya B. R.，Mamidi B. B.，Sujatha S.（2011）对印度经济特区的研究发现，对于失去土地的农民而言，不仅仅是失去了土地，还失去了其他宝贵的资产，如水井、打井、牲畜和树木，这些资产往往在土地赔偿中无法体现或者计入赔偿。除此之外，还有与土地配套发挥作用的其他生计资产，例如牛车以及饲养的牲畜等被廉价出售或闲置而影响失地农民的生产生活，即使这些资产能够以“市场价值”计算，也不足以应付失去土地带来的严重的消极经济影响和缺乏其他就业来源导致的生计风险，因此，他认为，对于失地农民而言，失去土地对农民生计的直接破坏是巨大的，这种影响不仅局限于直接依赖土地的人，还包括社区内提供服务的其他人，因而会出现大量的迁移人口③。Shete，Maru.（2015）通过对埃塞俄比亚土地交易问题进行调查发现，大量的土地交易导致森林资源加速退化，社区成员

① Paul Collier. Social Capital and Poverty [R]. The World Bank, Environmental and Socially Sustainable Development Network, 1998.

② Cernea M M. Social assessments for better development [M]. World Bank, 1997.

③ VidyaB. R., Mamidi B. B., SujathaS. The Impact of Special Economic Zones in India: A Caste Study of Polepally SEZ [EB/OL]. http://www.future-agricultures.org/papers-and-presentations/cat_ view/1551-global-land-grab/1556-presentations, 2011-04-06.

的生计安全受到威胁；埃塞俄比亚政府为了实现粮食安全目标战略，将大量土地出租给国内外投资者，结果导致：很多失地农民失去了生计策略，森林砍伐加速造成的气候变化对当地带来巨大的负面影响，灾害发生概率增高加大了当地民众发生生计风险的概率，进而导致很多人为了生计不得不开展掠夺性开采，例如采伐和销售木材等来维持生计，加剧了当地生态恶化①。

（二）可持续生计问题相关研究

可持续生计是指人们在现有生计资本基础上，如果人们能应对胁迫和冲击，并从中恢复、维持和增加资产，保持和提高能力，并且为下一代生存提供机会，在长期和短期内，以对当地和全球范围内为他人的生计带来净收益，同时又不损坏自然基础，那么该生计具有可持续性（Chambers，1992）②。联合国环境和发展大会将“可持续生计”概念引入行动议程，主张把稳定的生计作为消除贫困的主要目标。1995 年的哥本哈根社会发展世界峰会和北京第四届世界妇女大会再次强调了可持续生计的概念，丰富其内涵，进一步强调了它的重要意义。

随着贫困尤其是相对落后地区的贫困问题越来越受到关注，可持续生计的概念被广泛运用到贫困和农村发展问题上。很多学者认为，从生计的可持续性角度研究贫困和农村发展问题更有现实意义（乔纳森·吉尔曼，2000）③。

在实际应用中，最为常见的是英国国际发展署（DFID）提出的生计分析框架。在该分析框架基础上，有很多学者根据自身研究对象及其

---

① Shete，Maru.（2015）. Implications of land deals to livelihood security and natural resource management in Benshanguel Gumuz Regional State，Ethiopia. 10. 13140/RG. 2. 1. 2648. 7208.

② Chambers R，Conway G. Sustainable rural livelihoods：practical concepts for the 21st century［J］. IDS Discussion Paper No. 296. Brighton，Institute of Development Studies，1992：296.

③ 纳列什·辛格，乔纳森·吉尔曼，祝东力．让生计可持续［J］．国际社会科学杂志：中文版，2000，17（4）：123－129.

所具有的生计资本对可持续生计分析框架进行了发展。Carney 和 Diana（1999）基于过去的经验教训和最近的贫困评估，对农村发展问题进行了思考，他认为关键的问题是需要重新关注农村地区的人们，特别是贫困人口的情况，需要充分关注到农村生计的复杂性和农村贫穷的多重层面；以往的很多研究往往只注重家庭活动的一个方面（例如农业系统），而忽视外部政策和体制环境在克服贫穷方面的重要性①。Barrow et al.（2000）以阿特拉斯山脉 Azilal 省的两个地区为调查区域，对该地区的传统农业现状进行调查，试图找出应对生计战略崩溃和提高农民享有的生活质量的有效措施，调查发现：在一些地区，由于过度轮作耕作、绵羊和山羊放牧以及木炭生产造成的社会经济变化和高原土地退化，当地生态受到了极大威胁；因此，他认为农户生计的改善需要因地制宜，因为他发现，同样的措施在不同地区的效果存在显著差异性。一些农民保持了适当的传统生活方式并进行创新，而有些农民的生计情况不容乐观②。Cherni J A 和 Hill Y 在 2009 年的时候，使用可持续的生计方法，在现有资产和政策的框架内分析了可再生能源技术对于农村社区生计的影响，研究发现：现代的小规模可再生能源技术具有实现和维持农村生计的潜力，尤其是在发展中国家无法接入电网的偏远地区，但是向偏远社区提供农村能源可能不会取得理想的长期结果③。

但也有学者对生计分析理论的应用提出了质疑，认为该方法在实践中很难准确评估贫困问题的复杂性。例如，Farrington, John（1999）则认为，生计分析在理论上是有用的，但在实践中却是困难的，这种困难主要表现在：生计分析的复杂性、与合作伙伴分享复杂工具的困难、改

---

① Carney, Diana. Approaches to Sustainable Livelihoods for the Rural Poor [J]. Overseas Development Institute Poverty Briefing, 1999.

② Barrow C J, Hicham H. Two complimentary and integrated land uses of the western High Atlas Mountains, Morocco: The potential for sustainable rural livelihoods [J]. Applied Geography, 2000, 20 (4): 369 - 394.

③ Cherni J A, Hill Y. Energy and policy providing for sustainable rural livelihoods in remote locations——The case of Cuba [J]. Geoforum, 2009, 40 (4): 645 - 654.

变生计需要很长的时间等等，而这些方面在定性的研究结果将很难被评估[①]。Morse et al.（2009）认为，利用可持续生计分析框架研究发展问题的时候，需要超越可持续生计本身的概念，不是要在发达国家和发展中国家之间建立起两极分化的观念，而是应采用更全球化的“可持续生活方式”概念，即一种更加细致和包容的方法，不仅要涵盖如何实现可持续生活，还要涵盖如何过可持续生活[②]。Singh N，Gilman J.（2010）则认为，以参与性、系统性的方式开展可持续生计的思考和行动是一个长期愿景；在短期内，它需要能力发展、在宏观—微观联系的跨部门政策分析、发展方案的设计和执行战略的转变方面建立网络和合作，虽然各国和机构已在不同程度上朝着这些变化在迈进，但越来越多的证据表明，政策和方案都趋向支持生计和家庭安全，而不是更有限的创造就业计划[③]。

（三）生计脆弱性相关研究

近年来，可持续生计研究已经成为学术界研究发展中国家和地区实现可持续发展及摆脱贫困的重要手段和方法之一被广泛关注。根据可持续生计分析框架，在研究可持续生计问题的时候，首先需要明确生计脆弱性背景，即研究对象在可能遇到的冲击和风险的限制下，如何使用生计资本的问题。因此，生计脆弱性问题也是学术界想要探究的一个领域。因生计脆弱性是可持续生计分析框架不可分割的一部分内容，因此，学者较早已经关注了这个问题，但是系统性的研究生计脆弱性问题还是相对滞后些。1989 年，钱伯斯在阐述生计问题的时候就对生计脆弱性问题进行了定义，他认为脆弱并不等同于贫穷，它不是指缺乏或想

① Farrington, John. (1999). Sustainable Livelihoods in Practice: Early Applications of Concepts in Rural Areas. Natural Resource Perspectives. 42.

② Morse, Stephen & McNamara, Nora & Acholo, Moses. Sustainable livelihood approach: A critique of theory and practice. Geographical Paper. 2009, 189. 1 – 68. 10. 1007/978 – 94 – 007 – 6268 – 8.

③ Singh N, Gilman J. Making Livelihoods more Sustainable [J]. International Social Science Journal, 2010, 51 (162): 539 – 545.

要，而是指缺乏防卫、不安全感，以及暴露在风险、冲击和压力之下。他进一步提出，同样是脆弱，但区分脆弱的不同维度时会发现，不同维度的脆弱带来的冲击是不同的，例如身体虚弱、孤立、贫穷和无能为力都是脆弱的表现，但相比较无能为力而言，身体虚弱、孤立和贫穷是公认的一种脆弱，很多方案和政策都在寻求解决这些问题，但是这种无能为力的脆弱性却在研究领域和政策方案中一直被忽视，或者与其他脆弱性相混淆（Chambers，R. 1989）[①]。Mutopo P.（2014）研究了政府强制性迁移对不同人群带来的影响，结果发现：政府的强迫迁移损害了这些人的生计权、土地权和可持续人类发展的权利，这种变迁对男性和女性的生计影响都很大，老年妇女和寡妇处于更不利的地位[②]。因为不同主体所拥有的生计资本存在差异性，尤其是自然资源方面的差异性导致处于不同区域的主体生计脆弱性具有显著差异性。Ding W，Ren W，Li P，et al（2014）对中国北方草原地区牧民的灾害脆弱性和气候变化进行了评价，结果表明：西部牧民的生计比东部牧民更为脆弱，关键的原因是更脆弱的牧民拥有更少的自然资源，包括草地面积和牲畜[③]。生计资本中自然资本对农牧业生产的影响是巨大的，而且其脆弱性体现的更为突出。传统农业在很大程度上依赖自然资本，尤其在发展中国家和地区，自然资本的丰富与匮乏、富饶与贫瘠和气候条件等直接关系着农民的生计问题，甚至影响着农业生产和粮食安全等重要环节。因此，在研究发展中国家的发展问题时，必然会将可持续生计与农业生产和粮食安全、生态环境等因素联系起来。有很多研究从生计脆弱性视角研究农业生产和粮食安全问题，包括气候条件的影响、土地质量的影响等，例如

---

① Chambers，R.（ed.）. Vulnerability，coping and policy. IDS Bulletin. 1989.

② Patience，Mutopo. Belonging and rural livelihoods：women's access to land and non-permanent mobility at merrivale farm，Mwenezi District，Zimbabwe［J］. Erdkunde，2014.

③ Ding W，Ren W，Li P，et al. Evaluation of the livelihood vulnerability of pastoral households in Northern China to natural disasters and climate change［J］. Rangeland Journal，2014，36（6）：535-543.

Yaro, Awetori J (2004)[①]、Bacon C (2004)[②]、Haile M. (2005)[③]、Hesselberg J, Yaro J A (2006)[④]、Chen, Guo, Cui (2010)[⑤]、Alam, G. M. (2016)[⑥] 等。也有学者重点关注重大自然灾害等冲击导致的生计脆弱性问题。例如，Luo, Yong, Chen, et al. (2017) 对中国汶川地震后的农村灾后安置和生计脆弱性问题进行了研究[⑦]。

还有学者试图通过量化研究的方式分析生计脆弱性问题，使其能够更精确地测定研究对象的生计脆弱程度，具有更强的说服力。例如，Micah B. Hahn, Anne M. Riederer, Stanley O. Foster (2009) 开发了生计脆弱性指数（LVI）来估计莫桑比克马波特地区和莫马地区的气候变化脆弱性，通过调查每个地区的 200 户家庭，收集社会人口统计、生计、社会网络、健康、粮食和水安全、自然灾害和气候变化等方面的数据，

---

① Yaro, Awetori J. Theorizing food insecurity: building a livelihood vulnerability framework for researching food insecurity [J]. Norsk Geografisk Tidsskrift – Norwegian Journal of Geography, 2004, 58 (1): 23 – 37.

② Bacon C. Confronting the Coffee Crisis: Can Fair Trade, Organic, and Specialty Coffees Reduce Small – Scale Farmer Vulnerability in Northern Nicaragua? [J]. Center for Global, International and Regional Studies, Working Paper Series, 2004, 33 (3): 497 – 511.

③ Haile M. Weather patterns, food security and humanitarian response in sub – Saharan Africa [J]. Philosophical Transactions of the Royal Society B: Biological Sciences, 2005, 360 (1463): 2169 – 2182.

④ Hesselberg J, Yaro J A. An assessment of the extent and causes of food insecurity in northern Ghana using a livelihood vulnerability framework [J]. Geojournal, 2006, 67 (1): 41 – 55.

⑤ Chen, Guo, Cui. Agrobiodiversity loss and livelihood vulnerability as a consequence of converting from subsistence farming systems to commercial plantation – dominated systems in Xishuangbanna, Yunnan, China: A houshold level analysis RID B – 2613 – 2008 [J]. LAND DEGRAD DEV, 2010, 2010, 21 (3): 274 – 284.

⑥ Alam, G. M. An Assessment of the Livelihood Vulnerability of the Riverbank Erosion Hazard and its Impact on Food Security for Rural Households in Bangladesh [D]. School of Commerce Faculty of Business, Education, Law & Arts University of Southern Queensland Toowoomba, Queensland, Australia, 2016.

⑦ Luo, Yong, Chen, et al. Post – disaster resettlement and livelihood vulnerability in rural China [J]. Disaster prevention and management, 2017.

使用综合指数聚合数据，并比较其不同的脆弱性；研究结果表明：莫马地区在水资源方面可能更脆弱，而马波特地区在社会人口结构方面可能更脆弱；这种务实的方法可用于监测脆弱性、寻求援助的项目资源，或通过在 LVI 模型中引入情景进行基线比较，可以更准确地评估那些数据匮乏地区潜在的项目或政策有效性[①]。Panthi J，Aryal S，Dahal P，et al.（2016）研究了气候变化对尼泊尔甘达基河流域农牧混合小农户影响的生计脆弱性方法，旨在以尼泊尔中部甘达基河流域为例，测试两个脆弱性评估指标：生计脆弱性指数和 IPCC 脆弱性指数。研究共调查了来自三个地区的 543 户农畜混养户，分别是 Dhading、Syangja 和 Kapilvastu，这三个地区代表了三个主要生态区：山区、中丘陵和低地，并收集了关于社会人口统计、生计决定因素、社会网络、健康、粮食和水安全、自然灾害和气候变化的数据，并将其纳入指数。研究发现：气候变化的脆弱性取决于各种因素，并且在不同的地方、部门和社区之间存在差异。发展中国家的人民生计主要依靠农业和畜牧业生产，他们被认为特别脆弱。这两个指数在三个地区的混合农牧业小农户中都有所不同，Dhading 得分最为脆弱，Syangja 得分最低。在脆弱性的组成部分、子组成部分和三个维度（暴露、敏感度和适应能力）方面，各地区都有很大的差异。这些发现有助于设计针对具体地点的干预战略，以减少混合农牧业小农户对气候变化的脆弱性[②]。

（四）生计策略相关研究

生计策略是资源配置与利用的方式，它在可持续生计分析框架中处于非常重要的环节，即在现有生计资本的基础上，如何利用该资本，以实现所期望的有益结果的过程。虽说可持续生计分析框架是一个系统，

---

① Micah B. Hahn，Anne M. Riederer，Stanley O. Foster. The Livelihood Vulnerability Index：A pragmatic approach to assessing risks from climate variability and change—A case study in Mozambique［J］. Global Environmental Change，2009，19（1）：74 – 88.

② Panthi J，Aryal S，Dahal P，et al. Livelihood vulnerability approach to assessing climate change impacts on mixed agro – livestock smallholders around the Gandaki River Basin in Nepal［J］. Regional Environmental Change，2016，16（4）：1121 – 1132.

但是众多研究者的研究重点不同，有不少学者重点关注生计策略问题，即人们如何使用他们既有的生计资本来实现自己的生计目标。例如，早在 1973 年，Hart K 对加纳非正规经济机会与城市就业问题进行研究后发现，城市中合法的非正规经济诸如小规模市场经营者、小商贩、街头小贩或是运输业以及其他服务业，可以使失地农民得以维持生计①。Rakodi C（1999）对贫穷和福祉的分析重点从衡量收入和消费的货币指标扩大到生计战略，以便更好地了解贫穷的原因，贫穷的过程，家庭对机会、冲击和压力的反应，以及政策干预的结果。他的讨论明确考虑了农村和城市穷人所采取的家庭战略的特点以及政策对他们的影响，目的是评估采用一个家庭生计战略框架来理解贫困和剥夺的政策含义，将确定从家庭战略概念化为管理资本资产组合中产生的典型政策建议，并简要回顾经验，以评估这种分析方法是否为减贫政策提供了令人满意的基础②。Kinsella J, Wilson S, Jong F D, et al（2000）研究了多元活动作为爱尔兰农户生计策略及其在农村发展中的作用，文章通过参考来自爱尔兰西部的案例研究，探讨了多元农业家庭在地方和地区层面上的重要性。它表明，爱尔兰农家的非农活既不是一种新现象，也不纯粹是经济需要的结果，非农业就业对爱尔兰农场家庭生存能力的作用是农业和农村社区可持续发展的核心。它还表明了多元活动在社会经济和环境方面的重要性。文章最后将多元活动的现实与欧盟未来的农村和农业政策联系起来。研究表明，对农户来说，多元化活动的日益增长的作用更应该被视为维护“活农村”的关键战略，而不是传统农业无法维持农业人口的指标③。类似研究还有很多，例如 Muller - Boker, Kollmair（2000）

① Hart K. Informal economy opportunities and the urban employment in Ghana [J]. Journal of Modern African Studies, 1973, 11 (1): 61 - 89.

② Rakodi C. A Capital Assets Framework for Analysing Household Livelihood Strategies: Implications for Policy [J]. Development Policy Review, 1999, 17 (3).

③ Kinsella J, Wilson S, Jong F D, et al. Pluriactivity as a Livelihood Strategy in Irish Farm Households and its Role in Rural Development [J]. Sociologia Ruralis, 2000.

对尼泊尔自然保护区生计策略进行了研究[①]。Dixon，J. Gulliver，A. Gibbon，et al（2001）由于资源禀赋和家庭环境的不同，每个农场都有其独特的特点；农场的生物物理、社会经济和人的因素是相互依存的，因此农场可以从不同的观点作为系统来分析；在现有的社会、经济和体制环境内，除了种植和饲养牲畜之外，家庭生计还可以包括捕鱼、农林间作以及狩猎和采集活动；非农收入对许多贫困农村家庭的生计作出了重大贡献，农业系统不仅存在于农村地区；许多发展中国家的许多城市和城镇都有相当水平的都市农业[②]。Koczberski G，Curry G N（2005）探索了在土地利用变化机会有限的环境中，定居者如何应对人口和社会经济变化，在人口压力上升的背景下，小农户正在通过寻求非农业收入来源、增加粮食生产、获得更多土地和移民来制定创新的生计战略，移民或土地积累战略的类型取决于家庭对各种资源的获取，特别是社会和亲属网络以及资本的获取[③]。Vishal，Narain（2009）通过对印度的研究发现，大多数农民的土地越来越小，已经从商业农业转向了维生农业；这些城市附近的居民失去了他们的土地，转而从事新的活动，例如在邻近的砖厂里制砖；一些人在村里开了商店，或者开始经营旅游和出租车服务[④]。

近年来，生计战略的概念已经逐渐成为发展实践的核心概念。尽管如此，将生计在定量数据中准确地确定生计在方法上仍然是有一定困难

---

① Muller – Boker，Kollmair. Livelihood strategies and local perceptions of a new nature conservation project in Nepal – The Kanchenjunga Conservation Area Project [J]. MT RES DEV，2000，2000，20（4）：324 – 331.

② Dixon，J. Gulliver，A. Gibbon，D，Dixon，J. Gulliver，A. Gibbon，D. Farming systems and poverty：improving farmers´livelihoods in a changing world [J]. 2001.

③ Koczberski G，Curry G N. Making a living：Land pressures and changing livelihood strategies among oil palm settlers in Papua New Guinea [J]. Agricultural Systems，2005，85（3）：324 – 339.

④ Vishal，Narain. Growing city，shrinking hinterland：land acquisition，transition and conflict in peri – urban Gurgaon，India [J]. Environment and Urbanization，2009，21（2）：501 – 512.

的。DR Brown et al.（2006）运用聚类分析的方法，研究了肯尼亚高原农村的生计策略，他将生计策略的概念运用到家庭数据中，然后利用所得到的特定策略的收入分布来检验所得到的结果①。随着学术界对生计策略问题的关注度不断提高，其研究对象和研究视角及研究方法等方面都得到了拓展。很多研究将生计策略的研究从农业领域拓展到其他衍生领域并关注到了不同主体的生计策略具有显著异质性，即拥有不同生计资本的群体采用的生计策略存在显著差异。Tao T C H，Wall G（2009）以台湾一个原住民社区为例，说明旅游业与其他生计策略的关系，研究认为可持续旅游，在概念和实践上都存在缺陷，阻碍了它们的应用，实践中可持续生计办法，特别是在社区和个人通过多种活动而不是离散工作维持生计的普遍情况下，当旅游业被引入社区时，它作为重要的生计补充，而不是取代现有的活动②。Vearey，Joanna（2008）针对南非移民和难民问题进行了研究，研究发现：自种族隔离结束以来，南非的移民模式发生了变化，南非已成为来自非洲大陆内外的人们的目的地——其中一小部分人是难民和寻求庇护者，但人数却很重要。虽然南非有一项保护性的、综合性的城市难民政策，但这些人中的许多人都很难获得他们应有的权利，包括医疗保健。此外，许多技术水平较低的国际移民无法使他们在南非的居留合法化。因此，国际移徙者往往成为“城市贫民”群体的一部分，属于卫生和社会福利的边缘，依靠非正规经济中的生存生计。个人的健康和福祉对他们维持安全生计的能力有很大影响，在艾滋病毒流行的情况下，这一点变得更加困难。本书介绍了约翰内斯堡市的一个案例研究的结果，调查结果表明：（a）非正规经济对约翰内斯堡移民的重要性；（b）非公民在南非公共部门获得 ART 方面面临的挑战；以及（c）城市移民获得艺术与维持生存生计能力之间的

---

① DR Brown，EC Stephens，JO Ouma，FM Murithi，CB Barrett. Livelihood strategies in the rural Kenyan highlands［J］. AGRIS，2006.

② Tao T C H，Wall G. Tourism as a sustainable livelihood strategy［J］. Tourism Management，2009，30（1）：90－98.

联系。该文件认为，维护南非境内所有需要 ART 的人获得 ART 的权利将使国际移民（包括难民和寻求庇护者）能够维持原本脆弱的生存生计，而这反过来又将有助于他们自力更生和融入城市生活[①]。Dingde X, Jifei Z, Golam R, et al.（2015）研究探讨了在快速城市化和工业化的背景下，三峡库区农民对农业的高度依赖程度。这项研究侧重于决定一个家庭选择生计战略的因素，特别侧重于农产品的生产和对农产品的依赖。该研究利用可持续生计方法和中国三峡库区农民的调查数据，提供了描述性统计分析和有序 logistic 回归模型，表明近 56% 的家庭对农业的依赖程度较低。以下变量对生计策略有显著影响：任何家庭成员的最高受教育年限；户主年龄；一个家庭中的劳动力数量；家庭地点；正式和非正式的社会网络。无论家庭是否有子女，房屋价值和固定资产对生计策略无显著影响。根据分析结果，提出政府部门应加大对基础设施的投入，加大对农民的贷款政策，以鼓励农村能人利用其社会网络，积极到移民目的地创业[②]。

（五）生计多样性问题相关研究

随着可持续生计问题的研究受到多领域的广泛应用，近年来的研究引起了人们对生计多样性问题的关注。生计多样化是发展中国家居民采取的一种重要生计策略，有利于降低生计脆弱性，保障食物安全，减少饥荒威胁（苏芳，2015）[③]。

1. 发展中国家或地区生计多样性视角

目前，很多学者都非常关注发展中国家和欠发达地区生计多样化问题。例如在乌干达、马拉维和坦桑尼亚等地区的调查研究以及实践结果表明，生计风险较为突出的根本原因在于资源匮乏以及生计策略单一。

---

① Vearey, Joanna. Migration, access to ART, and survivalist livelihood strategies in Johannesburg [J]. African Journal of Aids Research, 2008, 7 (3): 361 - 374.

② Dingde X, Jifei Z, Golam R, et al. Household Livelihood Strategies and Dependence on Agriculture in the Mountainous Settlements in the Three Gorges Reservoir Area, China [J]. Sustainability, 2015, 7 (5): 4850 - 4869.

③ 苏芳. 可持续生计：理论、方法与应用 [M]. 中国社会科学出版社，2015：141.

比较生存、收入或就业这些以往常用的概念而言，生计概念更全面地描绘了低收入国家农村地区生活的复杂性和多样性，认识到人们通过做许多不同的事情而不是一件或几件事情来进行生活管理（Ellis，Frank，2000）①。对非洲地区农村的相关研究表明，资产、活动和收入多样化是非洲农村生计战略的核心。在过去15年里，整个撒哈拉以南非洲地区实施了非洲方案和经济自由化，农村收入多样化的迅速扩大也在同时进行，不少学者认为，收入多样化是应对农村贫困人口的一项重要战略，同时认识到，在非洲农村人口各阶层的收入多样化日益增长的现实可以作为一种加剧财富分化的机制。目前的收入多样化和生计文献主要局限于以决策家庭经济优化假设为支撑的情景分析，而忽略了更广泛的去农化过程；早期的农业变化采取了城市移民的形式，从农村地区输送劳动力，并创造了一系列间接影响乡村生活的刺激因素。农民收入多样化为分析农村问题增加了一个新的、更直接的层面，村民成为就地职业变化的重要组成部分（Bryceson，Fahy D. 1999）②。C. B Barrett a，T Reardon b，P Webb c（2001）介绍了非洲农村收入多样化和生计：变化的原因和后果，集中讨论了困扰农村收入多样化文献的核心概念问题，以及提出了经验证据和政策含义③。Smith D R，Gordon A，Meadows K，et al.（2001）在乌干达农村经济中仍然处于中心地位，但家庭参与了多种生计战略，本文探讨了影响生计趋势及策略的各种因素的作用，定性和定量分析揭示了财富、性别以及传统和非传统职业之间的差异。结果表明，社会和历史以及当代的投资水平是不同水平的生计多样化的决定因素。Mccusker B，Carr E R（2006）则认为，土地利用变化和生

---

① Ellis，Frank. Rural Livelihoods and Diversity in Developing Countries Oxford UP. 2000.

② Bryceson，Fahy D. African rural labour，income diversification & livelihood approaches：a long - term development perspective [J]. Review of African Political Economy，1999，26（80）：171 - 189.

③ A C B B，B T R，C P W. Nonfarm income diversification and household livelihood strategies in rural Africa：concepts，dynamics，and policy implications [J]. Food Policy，2001，26（4）：315 - 331.

计系统通常是分开分析的，或者二者相互“驱动”。这种“驱动—反馈”关系得到了社会过程方法的支持，而这些方法往往过于静态。行动者面临着一大堆选择，他们必须在创造改变的路径时进行协商。这些选择总是与权力关系和作为这些关系的条件和结果的知识联系在一起。研究认为，土地使用和生计是社会进程的不同表现形式，个人和群体通过这种社会进程来协商塑造其生活的日常条件。该研究提出了一个框架，通过将权力的社会关系作为进入这一复杂关系的切入点，扩展目前对土地利用变化和生计之间关系的理解。他们用来自南非和加纳的实证例子来支持自己提出的论点[①]。

2. 老龄人口收入来源的多样化视角

生计多样性问题不总是面向发展中国家的农村问题来探讨的，近年来，更多的研究将生计多样性问题从收入来源的多样化视角进行研究。例如，Bradstock A（2003）研究发现多数家庭的资产地位较低，以及对公共资金转移的严重依赖，尤其是老年养老金和残疾补助。对较富裕的家庭来说，只有参与有偿就业才能使他们避免贫困。研究明确表明，归还或重新分配离受益人居住地点很远的土地，并且没有服务或技术支助来协助他们开展农业活动，不能有效解决南非农村的贫穷问题。总而言之，生计多样性研究较早相对集中在研究农村发展和治理贫困等方面，随着人口老龄化成为日益突出的世界性议题的步伐，针对老龄人口这个特殊群体的多元化研究中，也出现了研究老龄人口收入来源的相关研究。根据现有研究，老龄人口收入来源大体可分为保障性收入、经营性收入、转移性收入和财产性收入。因此，大量研究关注了老龄人口的收入来源问题，具体包括：有研究老龄人口个体特征对其收入来源的影响以及退休决策的影响的；也有研究社会保障对于老龄人口退休决策和收入的影响的；还有部分研究关注老龄人口劳动参与行为的。例如，Alan L. Gustman（1994）利用退休历史研究、全国医疗保健支出调查、消费

---

① Mccusker B, Carr E R. The co - production of livelihoods and land use change: Case studies from South Africa and Ghana [J]. Geoforum, 2006, 37 (5): 790 - 804.

者财务调查和当年人口调查的数据，运用结构性退休模型分析了雇主提供的健康福利对退休的影响；发现补偿金往往会将退休推迟到符合资格的年龄，之后则会加速退休；雇主提供的健康福利只将他的退休年龄降低了 1.3 个月。如果把健康福利的价值看在私人健康保险对未加入的人的价格上，而不是看在雇主的成本上，会增加效果；退休人员健康保险所创造的激励机制是健康保险对退休结果的大部分影响的原因①。Alan L. Gustman et al. （2000）通过对德国老年已婚夫妇的劳动力行为的研究发现，夫妻们有很强的共同度过闲暇时光的倾向，闲暇的互补性是老年夫妇劳动力行为的重要决定因素，证实了其他国家的研究结果；根据夫妻双方的就业状况，建立了离散时间、竞争风险的劳动力转移风险模型；分析表明，如果配偶的另一方没有工作，那么配偶一方离职的可能性比另一方就业的可能性大得多。同样，如果配偶有工作，那么夫妻中的一方更有可能就业；研究结果表明，提高女性的最低退休年龄可能影响不大；研究结果还表明，如果配偶更愿意与健康受损的伴侣共享时间，则提前退休造成的经济损失可能不会促使他们进一步参与劳动。Jonathan，Gruber，Peter，et al（2003）发现社会保障收入和劳动收入之间有一定的替代关系；他们通过研究过去 25 年的经验数据后发现，尽管有一些暗示性的证据表明社会保障收入对女性劳动供给有影响，但是对男性的劳动力供给决策没有显著的影响；此外还发现，社会保障收入可加快研究人群的福利获得速度，降低福利水平，并增加人们对这些年高龄老年人生活水平的担忧②。A. L. Gustman，T. L. Steinmeier（2007）利用健康与退休研究的数据，检验了人们对新一代退休政策的反应，这些政策在精算上平均来说是中性的；研究还发现，加上高时间偏好者面临的流动性约束，精算中性政策确实影响退休行为；虽然社会保障福利

① A. L. Gustman，T. L. Steinmeier. Employer - Provided Health Insurance and Retirement Behavior ［J］. Industrial and Labor Relations Review，1994.

② Jonathan，Gruber，Peter，et al. Does the Social Security Earnings Test Affect Labor Supply and Benefits Receipt? ［J］. National Tax Journal，2003.

目前以年金的形式支付，但从固定收益计划或个人账户中获得的福利都可以作为年金或同等精算价值的一次性金额提供[①]。Bound J, Stinebrickner T, Waidmann T（2010）通过制定一个动态规划模型，研究了健康、财政资源和劳动力市场行为之间的相互作用，该模型使用健康和退休意愿相关数据进行估计后发现，身体健康显著影响人的退休意愿，即身体健康的人退休意愿不强烈，除非他们有大量的经济资源，而健康状况不佳的人很可能提前离开劳动力市场，即使他还没有资格领取任何形式的养老金[②]。Jones F J B（2011）对雇主提供的医疗保险、医疗保险和社会保障对退休行为的影响进行了实证分析，利用健康与退休研究的数据，估计了一个考虑储蓄和不确定医疗费用的动态退休规划模型；结果表明，医疗保险对于理解退休行为是重要的，不确定性和储蓄对于理解劳动力供给对医疗保险的反应是重要的；一般工人在雇主提供的健康保险中所占价值的一半是降低医疗费用风险的价值。将医疗保险资格年龄从65岁提高到67岁会使60—69岁的人多工作0.074年。相比之下，取消两年的社会保障福利会使工作年限增加0.076年[③]。French E, Jones J B（2012）说明了为了保持财政上的偿付能力，许多国家的政府已经改革了他们的公共养老金计划，以鼓励老年劳动力供应。作者探讨了公共养老保险制度的改革如何影响整个生命周期内的劳动力供给；将最近的经验证据放在了政府养老金对生命周期背景下的劳动力供给的影响上，并提出了税收改革在生命周期内刺激劳动力供给的有效性的证据；主要结论是，老年工人的劳动力供给对退休激励机制的变化有反应；年轻工人的劳动力供应反应不那么积极；因此，在许多发达国家，降低老

① A. L. Gustman, T. L. Steinmeier. Projecting Behavioral Responses to the Next Generation of Retirement Policies [J]. Research in Labor Economics, 2007, 28 (8): 141 - 195.

② Bound J, Stinebrickner T, Waidmann T. Health, Economic Resources and the Work Decisions of Older Men [J]. Journal of Econometrics, 2010, 156.

③ Jones F J B. The Effects of Health Insurance and Self - Insurance on Retirement Behavior [J]. Econometrica, 2011, 79 (3): 693 - 732.

年工人税率的趋势很可能会继续推动推迟退休的趋势[①]。Raab R，Gannon B（2014）通过评估爱尔兰老年人退休计划（公共和职业）与劳动力行为之间的相互作用，发现计划退休的工人要在继续工作的收入和收入保障计划的福利支付之间做出权衡，作者在这些项目中进行了模拟退休激励，发现退休计划变动的一个主要来源是职业养恤金的承保范围，此外，前瞻性的退休激励措施并非影响爱尔兰老年劳动力退休决策的独有因素，还有许多因素在退休的决定中发挥作用，如健康和人口统计属性等[②]。Coile C C（2015）发现在过去20年里，老年男性和女性的劳动参与率一直在上升，这意味着他们会推迟退休，从事职业工作的工人也可能会逐步、分阶段地退休，他们通常会在提供兼职、更灵活或更少责任的过渡性工作中工作一段时间；大多数学者将退休定义为从劳动力中撤出，因为这在概念上是简单的，并且易于使用大多数调查数据来实现，但是学者容易忽略了劳动力重新进入的可能性[③]。

二、国内关于生计问题的研究进展

相对于国外关于生计问题的研究，国内相关研究起步较晚。随着我国社会经济不断发展，城乡发展差异突出，农村发展和贫困治理问题得到空前的关注。国内关于生计问题的相关研究主要集中在以下几方面：

（一）农户生计资本与可持续生计分析框架分析

借鉴国外研究进展，国内关于生计资本和可持续生计分析框架的相关研究起初基本都是针对农户生计进行的。因我国地域广袤，地区之间生计资本差异显著，所以选择拥有不同生计资本的农户作为研究对象进

① French E，Jones J B. Public pensions and labor supply over the life cycle ［J］. Social Science Electronic Publishing，2012，19（2）：268－287.

② Raab R，Gannon B. Diversity of labor supply incentives and retirement：evidence from Ireland ［J］. Journal of Economic Policy Reform，2014：17.

③ Coile C C. Economic determinants of workers′retirement dicisions ［J］. Journal of Economic Surveys，2015，29（4）：830－853.

行研究的现象很普遍。这些文献大体可以分为以下三种：

1. 失地农民（生态移民）生计问题研究

我国较早关注农户生计问题的研究有李慷（1990a）[①] 和李慷（1990b）[②] 通过对湖南省桃源县农户进行实地调查，从农户土地经营、农户劳力分工、农户家计收支等农户生计的基本层面，对农户生计行为进行了较为深入细致的剖析。之后，20 世纪 90 年代的相关研究主要集中在失地农民（生态移民）生计问题方面。程进华（1999）提出 1998 年特大洪水灾害发生后，针对灾后移民生计问题进行了分析，并提出了灾害移民生计问题的重要性[③]。紧接着，随着国家退耕还林政策的实施，有很多学者研究退耕还林对农户生计的影响，例如杜鹰（2000）[④]、谢旭轩（2008）[⑤]、杨皓等（2015）[⑥]。

随着我国重大生态工程的建设以及城镇化进程的提速，出现了一批特殊身份的群体——生态移民和失地农民。首先，城市化进程的加快，引发了部分农民与原本维持生计的土地被迫分割的状态，从而引发了失地农民生计资本的变化带来的一系列问题。孙绪民、周森林（2007）研究发现：由于相关制度的缺失、城镇化的就业吸纳乏力、失地农民非农就业的竞争力不强、“后发劣势”以及人多地少、经济基础薄弱等原因导致失地农民生计的可持续性明显不足。他们提出，实现失地农民的可持续生计，应以建构科学合理的制度体系为基础，以实现失地农民的生产性就业为核心，以引导和帮助农民积累资产为补充[⑦]。刘家强等

---

① 李慷．农户生计经济行为浅析 [J]．农村经济与社会，1990（2）：22 – 36.

② 李慷．农户生计经济消费行为探析：湖南省桃源农村社区调查 [J]．消费经济，1990（2）：49 – 52.

③ 程进华．切实解决好灾后移民的生计 [J]．理论导报，1999（5）：46.

④ 杜鹰．退耕还林保口粮还是第一位的 [J]．中国改革，2000（7）：20.

⑤ 谢旭轩．退耕还林对农户可持续生计的影响 [C] //第二届生态补偿机制建设与政策设计高级研讨会．2008.

⑥ 杨皓，王伟，朱永明等．退耕还林对农户可持续生计的影响——河北省以保定市涞水县为例 [J]．水土保持通报，2015（4）：263 – 267.

⑦ 孙绪民，周森林．论我国失地农民的可持续生计 [J]．理论探讨，2007（5）：90 – 92.

(2007) 认为，土地资源的缺失让农民在失去自然资本的同时也失去重要的社会资本、物质资本等，合理的土地征用行为和征用价格是失地农民社会保障制度的物质基础，建立失地农民的社会保障制度，要结合有关土地征用各项规定，考虑保障水平、对土地的替代作用及与城镇社会保障制度的衔接性；考虑该制度带来的福利的公平性和持续性以及制度本身的可行性；考虑可能涉及的主体如政府、农民和用地单位的各方关系及对地方发展的影响①。成得礼（2008）通过对我国当前城中村改造的理念和政策进行反思，基于对部分大中城市的城中村及失地农民家庭的调查数据，分析了城中村在促进失地农民生计资产积累和推动农村城市化进程方面所发挥的重要作用，并提出城中村的廉租屋经济和非正式经济是失地农民生计资产积累的重要源泉，城中村改造必须坚持科学的城市发展理念，不能破坏城中村原有的经济和社会运行机理②。赵兴玲等（2009）认为，随着城市化进程不断加快，城市规模日趋扩张，大批农民失去了赖以生存的土地后，成为既非农民也非市民的社会弱势群体，遭受社会的不公正待遇及排斥。他们以可持续生计为研究视角，分析了影响失地农民实现长远生计的主要因素主要有现行征地安置模式具有短期性、征地补偿费用偏低、就业渠道不通以及社会保障不完善③。黄建伟（2011）通过对与失地农民“可持续生计”问题相关性强的文献进行梳理，并提出了改进获取数据的方法和建立结构方程模型的研究设想；中国失地农民可持续生计存在的主要问题可以概括为补偿安置、就业和创业、收支、社会保障和权益保障、身份窘境等5个问题④。张

① 刘家强，罗蓉，石建昌．可持续生计视野下的失地农民社会保障制度研究——基于成都市的调查与思考［J］．人口研究，2007，31（4）：27－34.

② 成得礼．对中国城中村发展问题的再思考——基于失地农民可持续生计的角度［J］．城市发展研究，2008（3）：68－79.

③ 赵兴玲，骆华松，黄帮梅，李燕冰．可持续生计视角下失地农民长远生计问题探究［J］．云南地理环境研究，2009，21（1）：40－43.

④ 黄建伟．失地农民可持续生计问题研究综述［J］．中国土地科学，2011，25（6）：89－95.

科静、黄朝阳、丁士军（2013）指出，农民失去土地是世界工业化和城市化发展进程中的一种必然现象。随着我国失地农民规模不断扩大，怎样有效解决农民失地后的可持续生计问题成为社会各界关注的热点，农民失地后由于外界环境和生计资本都发生了变化，导致原有生计活动难以维系，不得不选择新的生计策略，国外农民失地后的生计策略总体呈现出非农化、多样化发展的趋势。他们通过研究提出了要高度重视失地农民的职业技能培训和再就业引导等相关建议①。

其次，随着重大生态保障或民生工程的实施，出现了一批生态移民，他们的生计资本变化成为学者关注的对象。例如，杨云彦、赵锋（2009）借助可持续生计分析框架，利用南水北调（中线）工程的实地调查数据，对库区农户生计资本现状进行了实证分析。研究发现：库区农户生计资本整体脆弱，生计资本的社会融合程度低②。李丹等（2015）以“可持续生计分析”方法为基础，提出脆弱性背景下，移民五大生计资本、民族文化传承及制度政策环境影响移民生计策略，移民的脆弱性感知对其生计策略有调节作用。他们通过对四川、云南两地移民村的实地调研数据进行了实证研究，结果表明：少数民族地区水库移民的社会资本同质性强，民族语言、习俗保存较好，但生计资本总量不足，人力资本极其短缺，自然资本较搬迁前明显减少，务工收入成为其金融资本的主要来源，不同生计资本变化的组合导致不同的生计策略。因此，论文提出了应关注移民中的弱势群体与弱势生计资本，加强下一代移民职业教育，提供正规发展资金扶持，加强医疗保险救助，促进文化之美的少数民族可持续生计发展等建议③。与本篇论文类似，对移民和非移民的生计资本进行对比研究的文献还较多，通过对比分析可以看

---

① 张科静，黄朝阳，丁士军．国外农民失地与可持续生计重建：一个研究综述［J］．学术论坛，2013，36（12）：148－151.

② 杨云彦，赵锋．可持续生计分析框架下农户生计资本的调查与分析——以南水北调（中线）工程库区为例［J］．农业经济问题，2009（3）：58－65.

③ 李丹，许娟，付静．民族地区水库移民可持续生计资本及其生计策略关系研究［J］．中国地质大学学报：社会科学版，2015：15（1）：51－57.

出，迁移对于这些群体的生计资本发生了哪些变化，从而可以更好地说明其生计现状，有针对性有地提出解决措施。李聪等（2010）通过对比分析发现，西部贫困山区的迁移户与非迁移户的生计资本在数量上有显著差异，农户家中是否有成员迁移对家庭生计资本的水平有着显著的影响，但不同类型的生计资本受到迁移的影响程度各有不同，不同的迁移特征对农户家庭不同的生计资本影响也不相同①。李聪等（2014）研究发现，搬迁农户家庭的生计资本总体优于非搬迁家庭，搬迁工程影响着生计资本的获得和使用，在这一过程中，农户的自然资本受到一定程度损失，但物质资本、金融资本、社会资本和人力资本在一定程度得到提升，同时发现，集中安置有利于提升农户生计资本②。

2. 生态脆弱区农户生计问题

不同地区农户所拥有的生计资本，尤其是在自然资本方面存在较大差异，这直接导致其所采用的生计策略不同，面临的生计风险也不同，最后他们的生计结果也不同。生活在生态脆弱区的农户因其自然资本有限，生计单一且不可持续而容易陷入发展困境。徐鹏等（2008）运用可持续生计方法，构建了一个农户可持续生计资产分析框架，以此为基础，利用因子分析法建立的农户生计资产评价模型，发现生计资产总体水平偏低且发展不平衡，脆弱性环境制约了农户生计资产总体水平的提高，制约农户生计资产水平和结构的多种因素并存，农户生计策略单一且不可持续③。苏芳等（2009）以张掖市甘州区农户为研究对象，对农户生计资本进行了估算。他们采用可持续生计框架为研究基础，以农户的生计资产为框架核心，通过建立可持续生计评价指标体系，对农户的生计资产状况和由此决定的资产配置方式——生计策略及二者之间的关

① 李聪，李树茁，费尔德曼，邰秀军．劳动力迁移对西部贫困山区农户生计资本的影响［J］．人口与经济，2010（6）：20－26.

② 李聪，柳玮，黄谦．陕南移民搬迁背景下农户生计资本的现状与影响因素分析［J］．当代经济科学，2014，36（6）：106－112.

③ 徐鹏，徐明凯，杜漪．农户可持续生计资产的整合与应用研究——基于西部10县（区）农户可持续生计资产状况的实证分析［J］．农村经济，2008（12）：89－93.

系进行初步的研究探讨，结果发现对张掖市甘州区农户而言，物质资本的数值最高，人力资本的数值相对较高，社会资本次之，金融资本和自然资本的数值相对较低①。显然，农户生计多样化或者兼业化行为的存在会大大改善农户生计。李琳一、李小云（2007）通过把定量与定性的方法与农户层面分析相结合，为从微观水平上支持一个可持续性的农户生计方式提供了基础的分析起点。他们认为，由于兼业化生产，农户的收入可能更多来自打工或者其他非农收入，而并不仅仅依靠来自土地的收入。土地对农户来说不是值多少钱的问题，它已成为他们的生存保障和生活方式②。但是，生活在偏远地区的农牧民对土地的依赖程度仍然较高，土地依然是他们维持生计的重要自然资本。张丽萍等（2008）对青藏高原东部山地农牧区 63 个农户，272 个地块进行了系统的调查与取样，研究了青藏高原东部山地农牧区金川县克尔马村的生计多样化与耕地利用模式后发现：（1）不同类型农户的生计策略选择、组合及收入不同，生计多样化，引入并扩大非农活动是当地生计策略的发展趋势，但不利的自然环境和社会经济条件以及农户自身素质共同影响了生计和土地利用的可持续性；（2）各种生计策略对土地利用的影响不同，主要影响土地利用类型和土地利用集约化水平；（3）以非农活动为主的生计多样化可能是该区构建可持续生计的核心，同时也是实现土地可持续利用的根本途径③。阎建忠等（2009）也对青藏高原东部农牧民生计多样化问题进行了研究，他们发现，随着草地退化和药材资源减少，青藏高原东部农牧民的生计受到了严重影响；农牧民如何利用生计资产实现生计多样化是该区域可持续发展面临的关键问题；该论文的实地调查采用 PRA 法，结合调查结果调整了生计资产评估指标，从样带尺度

① 苏芳，蒲欣冬，徐中民，王立安．生计资本与生计策略关系研究——以张掖市甘州区为例［J］．中国人口·资源与环境，2009，19（6）：119 - 125.

② 李琳一，李小云．浅析发展学视角下的农户生计资产［J］．农村经济，2007（10）：100 - 104.

③ 张丽萍，张镱锂，阎建忠，等．青藏高原东部山地农牧区生计与耕地利用模式［J］．地理学报，2008，63（4）：377 - 385.

定量分析了高原东部高山峡谷区，山原区和高原区农牧民的生计资产现状，生计多样化特点和今后的生计策略，结果表明：（1）生计多样化是农牧民普遍采用的生计策略，高山峡谷区农牧民生计多样化水平较高，从事二、三产业较多，普遍寻求发展型生计；而随着海拔升高，农牧民的生计多样化水平降低，从事的生计活动类型减少，发展型生计的比例也降低。（2）海拔较低的高山峡谷区和山原区，生计资产总值高，而海拔越高的高原区，生计资产总值较低，主要反映在人力资产和自然资产上。（3）居民所拥有的生计资产与生计多样化水平高度正相关。（4）农牧民近期仍基于生计资产改善生计策略。（5）高山峡谷区和山原区农牧民寻求发展型生计为高原区牧民提供了很好的借鉴[①]。之后，阎建忠等（2011）又对青藏高原东部样带农牧民生计脆弱性进行了评估测算[②]。

对于生活在生态脆弱区的农牧民而言，他们对于土地的依赖程度相对较高，因此，可能会出现过度利用土地或者掠夺性生产等不利于生态发展的行为。赵雪雁、李巍、杨培涛、刘霜（2011）对甘南高原区进行实地调查研究后发现，农牧民采取的不合理生计活动已成为该区生态环境退化的主要因素，不同土地利用方式下，其生计资本总量不同，纯牧区农户的生计资本总值最高、半农半牧区次之、农区最低，且纯牧区农户缺乏金融资本、半农半牧区农户缺乏物质资本、农区农户缺乏自然资本；农户的生计资本影响着生计活动的选择，自然资本缺乏迫使农户寻求其他谋生方式，但受教育程度低、物质资本与金融资本缺乏以及封闭而狭窄的亲缘与地缘关系限制了农户生计多样化[③]。赵雪雁（2011）继续对甘南高原区农牧民生活满意度进行了调查研究，通过建立生计资

---

① 阎建忠，吴莹莹，张镱锂，等．青藏高原东部样带农牧民生计的多样化［J］．地理学报，2009，64（2）：221－233.

② 阎建忠，喻鸥，吴莹莹，等．青藏高原东部样带农牧民生计脆弱性评估［J］．地理科学，2011，27（7）：858－867.

③ 赵雪雁，李巍，杨培涛，刘霜．生计资本对甘南高原农牧民生计活动的影响［J］．中国人口·资源与环境，2011，21（4）：111－118.

本评估指标，采用 logistic 回归模型分析了农户生计资本对其生活满意度的影响，结果发现：农户生计资本存在空间异质性，纯牧区农户的生计资本总指数最高、农区次之、半农半牧区最低；面临的稀缺资本不同，农区农户缺乏自然资本和物质资本，半农半牧区农户缺乏物质资本，纯牧区农户缺乏金融资本；农户的生活满意度不高，面临一系列生活压力，但农户自身对生计风险的响应相对被动、消极，更多依赖国家政策；目前对农户生活满意度影响最大的是物质资本，对提高农户生活满意度具有重要贡献的是人力资本与社会资本①。

随着生计问题的研究逐渐深入，越来越多的学者从不同视角、采用不同的方法对农户生计问题进行了多元化的研究。因为，中国区域差异显著，社会经济发展水平和自然环境约束都不同，所以各地区农户生计问题呈现出显著的异质性。何仁伟等（2013）认为，中国不同区域农村社会经济发展水平和自然环境各不相同，使得中国农户生计呈现的问题复杂而多样，经济落后地区（西部地区）、山区和生态脆弱区这 3 类区域往往贫困农户集中、人地矛盾突出、自然灾害多发、生态环境退化，农户的生计尤其脆弱，仍应作为今后农户可持续生计研究的重点②。宁泽逵（2017）采用熵权法测算了 339 个农户生计资本，并借助莫兰指数分析了调查区村级户均生计资本的空间聚集特征后发现，调查区农户社会资本、金融资本、人力资本相对重要性突出，物质资本相对重要性最低；农户生计资本得分整体偏低，特别是物质资本、自然资本已是当地农户生计改善的短板；人力资本是户际生计不平等的重要来源；因此，针对农户层面的扶贫要优先实施以非农技能培训为代表的人力资本投资；针对村级层面的扶贫必须综合考虑五种生计资本存量③。

---

① 赵雪雁．生计资本对农牧民生活满意度的影响——以甘南高原为例［J］．地理研究，2011，30（4）：687－698．

② 何仁伟，刘邵权，陈国阶，谢芳婷，杨晓佳，梁岚．中国农户可持续生计研究进展及趋向［J］．地理科学进展，2013，32（4）：657－670．

③ 宁泽逵．农户可持续生计资本与精准扶贫［J］．华南农业大学学报（社会科学版），2017，16（1）：86－94．

3. 生计资本与贫困治理问题

近些年，随着我国扶贫工作的全面开展，农户生计与贫困治理问题成为学术研究的热点，很多研究围绕贫困地区农户生计行为和脱贫与生计之间的关联性进行了研究。Martha G. Roberts、杨国安（2003）认为，现实中可持续的实现很不易，可持续生计方法和脆弱性分析方法是众多方法中较好的办法，前者强调贫困的消除，后者强调脆弱性的缓解，可持续发展是它们的共同的目的；因此作者认为两种方法通过联合可以在实践中相互加强和相互促进[①]。苏芳等（2009）认为，可持续生计框架是一种很好的生计途径分析方法，是围绕可持续发展而提出的一种新的研究工具，是一种旨在分析社会和物质环境之间多维复杂关系的框架；它为发展和贫困研究提供一个重要问题的核对清单，并概括出这些问题之间的联系，提醒人们把注意力放在关键的影响和过程上，强调影响农户生计的不同因素之间的多重性的互动作用[②]。因此，可持续生计分析框架成为研究贫困问题的一个较常用的且较好用的方法普遍运用于各种文献。张大维（2011）从生计资本视角对渝鄂湘黔边界武陵山区 149 个集中连片特殊困难社区进行案例分析，研究发现：生计资本系统既可以较为全面地呈现和评估困难地区村庄和农户的生计状况和贫困状况，也可以清晰地表达致贫的影响因素；该困难地区的贫困现状体现为自然资本贫瘠、物质资本不足、金融资本短缺、人力资本匮乏、社会资本薄弱[③]。陆五一、李祎雯、倪佳伟（2011）提出，可持续生计是以一种发展的眼光看待一个传统问题，在如何调动贫困、弱势群体自我建设的积极性，增强其对自身能力的建设，提高农民的可持续发展能力和动力等

① Martha G. Roberts，杨国安．可持续发展研究方法国际进展——脆弱性分析方法与可持续生计方法比较［J］．地理科学进展，2003（1）：11－21.

② 苏芳，徐中民，尚海洋．可持续生计分析研究综述［J］．地球科学进展，2009，24（1）：61－69.

③ 张大维．生计资本视角下连片特困区的现状与治理——以集中连片特困地区武陵山区为对象［J］．华中师范大学学报（人文社会科学版），2011，50（4）：16－23.

方面有着很好的指导意义，这就为更好地解决贫困问题、生计问题奠定了理论基础和政策依据，且可持续生计分析框架对于贫困群体的研究，从客观环境到个人的生计资产，再到生计策略和生计输出，都有一个较为全面的测度[①]。汤青（2015）从脆弱性背景、生计资产、政策机构与作用过程、生计策略与生计输出 4 个方面总结了国内可持续生计的研究进展，指出可持续生计研究不仅对解决农村贫困问题，也对促进居住在城市的大量半城镇化农民的市民化有重要的理论和现实意义[②]。何仁伟等（2017）指出，生计资本是构建可持续生计的关键要素，生计策略是构建可持续生计的重要载体，可持续生计视角下中国农村贫困治理的核心问题是生计资产的增加和生计策略的优化；农户生计资本是一个相互联系的有机整体，其减贫效应的发挥是五大生计资本共同作用的结果，在具体的贫困治理过程中，单靠某一种资本不可能构建贫困人口的可持续生计，农户要想获得积极生计成果，必须具有配置合理的生计资本；中国扶贫和贫困治理的本质在于通过政策框架的设计，提高对生计环境的适应性，帮助贫困人口提升自我谋生的能力，建立可持续发展的生计策略[③]。

（二）老龄人口生计资本与老龄生计脆弱性问题研究

当可持续生计分析框架广泛运用于贫困治理问题的时候，生计风险较为突出的老龄人口成了关注的重点，老年贫困问题受到社会关注。王琳、邬沧萍（2006）较早提出，伴随社会经济改革进一步深化，收入差距将可能呈扩大趋势，农村老人成为社会最低层在一个时期内难以避免，在计划经济向市场经济过渡，农村产业结构调整过程中，农村老年人处于劣势，因此对我国农村老年人口贫困化的认识要居安思危，并且

① 陆五一，李祎雯，倪佳伟．关于可持续生计研究的文献综述［J］．中国集体经济，2011（3）：83－84.

② 汤青．可持续生计的研究现状及未来重点趋向［J］．地球科学进展，2015，30（7）：823－833.

③ 何仁伟，李光勤，刘邵权，徐定德，李立娜．可持续生计视角下中国农村贫困治理研究综述［J］．中国人口·资源与环境，2017，27（11）：69－85.

应置老年人群于社会经济发展的大背景之中，从生命全程角度事先防范老年人贫困问题[①]。老年贫困发生率较高，尤其是农村老龄人口贫困发生率较高的事实背后，是老年生计风险较高和老龄人口生计策略单一的现实问题。

长期以来，中国养老依靠的是家庭代际赡养模式。中国亲子关系的特点是“反馈模式”，中国传统的社会就采用反馈模式来解决养老问题，即子女必须回报父母的养育之恩，赡养老人是子女的责任，在面对幼年和老年不能自养的问题上，需要贯彻均衡互惠的原则；反馈模式可以说是中国亲子关系的特点，作为一个伦理的规范，至今还受到社会舆论的支持（费孝通，1983）[②]。但是，在人口老龄化和家庭规模小型化的背景下，中国传统养老模式已然受到多重冲击，空巢化和高龄化等问题导致传统的家庭养老已经无法支撑沉重的养老负担。穆光宗（2002）研究指出，当空巢化和高龄化结合时老年人的照料风险最大，由于生育率水平的持续下降和高龄人口死亡率的改善，使得人口年龄金字塔从传统的正三角形开始逐渐变化为倒三角形，即高龄老年人口的比例上升的同时少儿比例却在降低，家庭养老实际上已经名存实亡，这是代际关系淡化的空巢家庭普遍的一种现象[③]。

养老脆弱性作为老年人生活福祉方面的固有特征，是农村老年人家庭由于缺乏一系列生计资本、制度性支持、面临自然和社会等方面的风险而导致的结果。农村老年人家庭生计资本的多寡影响到老年人生活福祉的水平，农村老年人家庭生计资本的匮乏是养老脆弱性的重要来源之一。其中，农村老年人家庭缺乏的生计资本主要以自然资本的利用率下降和人力资本匮乏为主，而健康状况不佳的老龄人口有着旺盛的照护需求而无法得到有效满足，家庭照护压力较大的现实直接影响了老龄人口

---

① 王琳，邬沧萍．聚焦中国农村老年人贫困化问题［J］．社会主义研究，2006（2）：68－70.

② 费孝通．家庭结构变动中的老年赡养问题——再论中国家庭结构的变动［J］．北京大学学报（哲学社会科学版），1983（3）：7－16.

③ 穆光宗．家庭空巢化过程中的养老问题［J］．南方人口，2002（1）：33－36.

的老年生活质量。熊吉峰（2014）利用湖北省潜江市的调查数据，研究了失能等级、照护者资源与生计活动等因素对农村失能老人家庭照护者压力的影响；研究结果表明：老人的失能等级对照护者压力的影响作用最强，照护者人力资源、生计活动是影响照护者压力的重要因素，而老人其他子女资源、社区资源与家庭经济资源对缓解照护者压力的影响作用较小[①]。张会萍、胡小云、惠怀伟（2016）认为，目前老年人家庭土地流转比例较高，但是土地流转后减少了他们的生计资本，年龄和社会保障对老年人的生计策略选择有显著影响，完善社会保障会提高生计可持续性，土地流转显著提高了老年人的生计结果，但随着老年人的人力资本的逐年降低，生计风险逐年提高[②]。乐章、鲁志敬（2016）研究发现，城镇老年人生活幸福感略高于农村老年人，不同类型的生计资本对城镇和农村老年人的生活幸福感产生的影响各不相同，人力资本、物质资本、社会资本对城乡居民都有正向影响，对于城镇的影响更为突出，而金融资本对二者皆无显著影响[③]。宋璐、李树茁（2017）子女迁移导致老年家庭人力资本减少，社会资本增加，不过没有直接增加老年家庭户的金融资本和物质资本，虽然子女一定程度上改变了老年家庭户的生计资本的水平和结构，但这种影响是以家庭结构为条件的，子女迁移拉大了与子女同住的老年家庭户在金融资本上的差距，弥补了不与子女同住的老年人在物质资本、人力资本和社会资本的劣势，而自然资本作为农村老年人生产生活的重要条件不受他们子女迁移的影响[④]。李树茁、徐洁、左冬梅、曾卫红（2017）基于对当前转型期农村老年人生

---

① 熊吉峰．资源、生计与农村失能老人的家庭照护［J］．农村经济，2014（4）：116－119.

② 张会萍，胡小云，惠怀伟．土地流转背景下老年人生计问题研究——基于宁夏银北地区的农户调查［J］．农业技术经济，2016，（3）：56－67.

③ 乐章，鲁志敬．生计资本视角下城乡老年人生活幸福感的比较——基于中国综合社会调查（2013）的实证分析［J］．湖北经济学院学报，2016，14（4）：61－67.

④ 宋璐，李树茁．子女迁移对农村老年家庭生计资本的影响——基于家庭结构的可持续生计分析［J］．人口研究，2017，41（3）：65－75.

计与福祉现状的认识，探讨将可持续生计分析框架应用于农村老年人养老问题研究的必要性和可行性，提出了一个可持续生计分析框架；该框架研究中国农村老年人家庭生活福祉脆弱性的形成与特点、养老模式的形成、演化与变迁的途径和规律，探索农村家庭养老支持可持续发展的途径；用生计来研究老年人福祉，并建立了农村老年人生计、福祉与家庭支持政策的可持续生计分析框架①。张若恬、张丹、李树茁（2018）认为中国老年人养老资本中人力资本水平最高，金融资本水平最低，老年人整体倾向于依赖型养老策略，老年福祉中健康福祉水平较高，但老年人情感支持和社会参与福祉水平较低，不同社会人口特征下老年人拥有的养老资本，策略和福祉存在明显差异，并且组合形成中国老年人养老现状的集中特有模式②。曾逸群（2020）以可持续生计理论为研究视角，基于实地调查，分析了当前农村老人自我养老的现状后发现，存在老龄化程度严重、生计资本比较匮乏等问题，大部分采取自我养老的方式进行养老；主要原因是传统的家庭养老保障功能日渐弱化、养老保障体系不健全不完善以及物质和经济保障水平低③。

三、研究述评

通过梳理国内外文献研究发现，关于生计问题的研究硕果累累。很多学者从不同视角、针对不同的研究对象、采用不同的研究方法进行了多元化的研究。其中，国外学者在生计问题的相关研究中主要关注生计资本与其发展、生计脆弱性与风险和生计策略与生计多样化问题研究。

---

① 李树茁，徐洁，左冬梅，曾卫红．农村老年人的生计、福祉与家庭支持政策——一个可持续生计分析框架［J］．当代经济科学，2017，39（4）：1－10.

② 张若恬，张丹，李树茁．当代中国老年人养老资本、策略与福祉——基于2014年中国老年社会追踪调查数据的分析［J］．西安交通大学学报（社会科学版），2018，38（4）：72－83.

③ 曾逸群．可持续生计视角下的农村老人自我养老问题探析——基于湖南省张家界市桑植县S村的实地调研［J］．中国商论，2020（11）：69－73.

而国内研究虽然起步相对较晚，但近些年研究进展迅速，尤其是近年来随着贫困问题成为研究热点的步伐，不少学者从农户生计视角研究农村发展问题和贫困问题。因此，国内相关研究显得更具有倾向性和聚焦性，这些研究重点关注了我国社会经济发展过程中的重要节点和特殊时期的特定对象，例如众多研究将研究焦点放在了我国城镇化进程中出现的特殊群体——失地农民（生态移民）的生计问题上；还有研究从生态可持续发展的角度，关注了处于生态脆弱地区的农户生计；以及近些年随着人口老龄化问题的凸显，越来越多的学者从收入来源多元化的角度研究老龄人口的生活质量和幸福感等。例如，关于土地流转背景下老年人生计问题的研究以及生计资本视角下老年人生活幸福感的研究等。这些都是目前直接将可持续生计概念应用到老年人问题的有益尝试，但是以可持续生计分析框架为基础，有针对性地研究老龄人口的生计资本的相关研究相对缺乏。随着我国人口老龄化进程的不断加速，老龄状态持续时间不断延长，因而有必要对老龄人口的生计可持续性进行科学研究，这不仅可以为学术研究领域提供一个新的研究视角和思路，还有助于为我国积极应对老龄化提供具有针对性和可操作性的政策建议提供理论基础。

第三节　研究思路与结构安排

一、研究思路

本书首先在梳理国内外相关文献的基础上，对老龄人口生计现状进行描述性分析，从而归纳出我国老龄人口生计资本的分布情况及主要生计策略；其次基于老龄人口养老需求，归纳出老龄人口面临的生计风险及其表现形式，再次，基于前面的理论分析和规范分析结论，采用实证分析方法，分析生计资本对老龄人口生活满意度的影响以及代际关系对老龄人口劳动参与行为的影响；最后，基于研究结果，提出改善我国老龄人口生计状况的有效途径。具体研究技术路线图如图 1－1 所示。

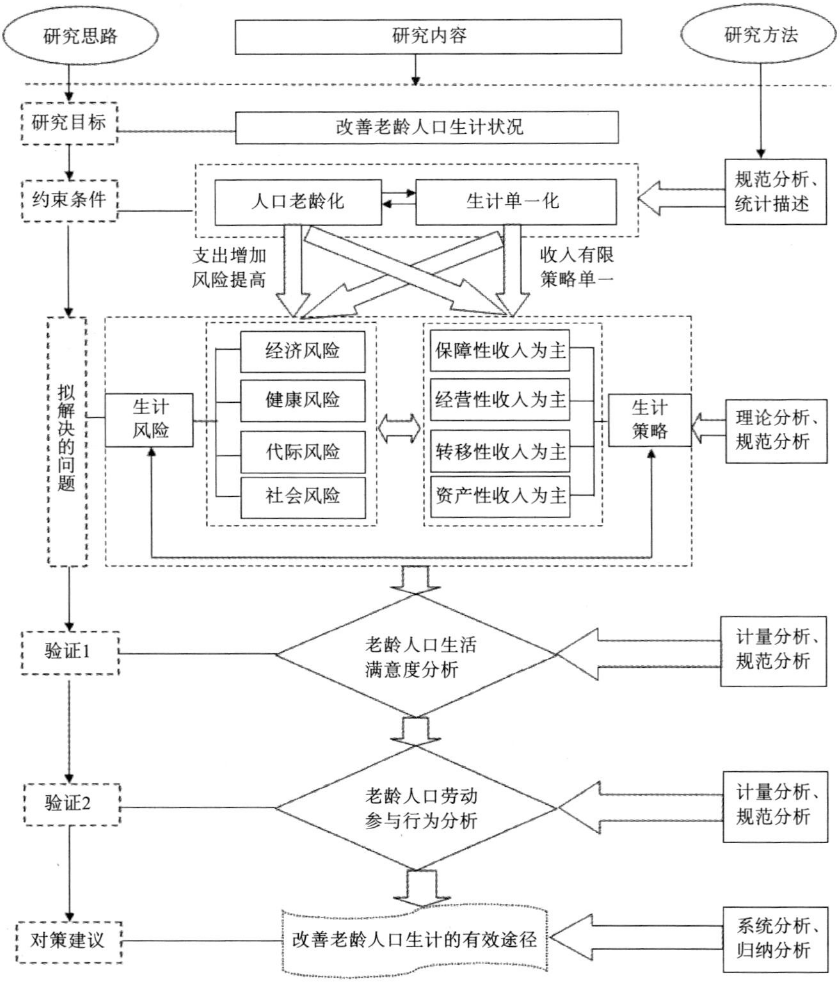

图 1－1　技术路线图

二、结构安排

本书主要内容围绕老龄人口生计资本及其面临的风险开始，以生计资本为关注重点，分析老龄人口的生活满意度和劳动参与行为，最后提出改善老龄人口生计的有效途径。全部内容共分为七章。

第一章为绪论，主要介绍本书的研究背景、研究目的、研究意义及研究方法和国内外研究进展等。

第二章为老年人生计问题研究的理论基础，介绍了本书中涉及的相关理论，包括可持续生计理论、家庭生命周期理论、老龄化相关理论和代际关系相关理论等。

第三章为我国人口老龄化及老龄人口生计资本现状，本章主要介绍了我国人口老龄化概况及其特征和我国老龄人口生计现状，人口老龄化概况通过生育率、预期寿命、老年人口增长率和老年抚养比等指标来反映；老龄人口生计现状则依据理论基础中可持续生计理论，将从人力资本、自然资本、物质资本、金融资本和社会资本五个方面加上老龄人口特有的转移性收入介绍。

第四章为我国老龄人口生计策略及面临的生计风险，本章主要介绍我国老龄人口生计策略的差异性，即我国老龄人口生计策略可分为以保障性收入为主、以经营性收入为主、以转移性收入为主和以资产性收入为主四种；而我国老龄人口面临的生计风险则可分为经济风险、健康风险、代际风险和社会风险四类。不同特质的老龄人口，其生计策略和面临的生计风险则不同，例如空巢和非空巢、农村和城镇或从事农业劳动和非农业劳动的群体之间具有显著差异性。

第五章为基于生计资本视角的老龄人口生活满意度分析，本章主要利用 CHARLS2018 数据库，运用实证分析方法，分析老龄人口生活满意度的影响因素，其中重点关注生计资本的影响及空巢和非空巢、农村和城镇老年人生活满意度的差异性。

第六章为我国老龄人口劳动参与行为及其影响因素分析，本章基于前面的代际风险相关分析，即代际关系影响老龄人口生计风险及不同特征老龄人口的主要生计来源和生计资本存在差异的现实，同样利用 CHARLS2018 数据库，运用实证分析方法，在家庭代际框架内分析老龄人口劳动参与行为。具体研究中，也将样本分为从事农业劳动和非农业劳动两个子样本进行对比分析，从而挖掘不同主体劳动参与意愿的差异性。

第七章为结论和政策建议。本章则总结主要结论，基于研究目的和结论，提出改善老龄人口生计的有效途径。

第四节 研究方法

本书所用到的研究方法主要有以下几种：

一、描述性分析法

本书对我国国人口老龄化现状和老龄人口生计概况进行描述性分析，通过大量的数据资料以及空巢和非空巢、农村和城镇之间的对比分析，发掘我国老龄人口生计现状及其面临的生计风险，为后续研究的顺利进行奠定了基础。

二、理论分析法

本书在已有相关研究基础上，依据可持续生计分析框架中的生计资本分类，对我国老龄人口面临的生计风险进行分析，为后续实证分析提出了研究假设。另外，在最后提出改善我国老龄人口生计的有效路径。

三、实证分析法

本书基于我国老龄人口生计现状及其面临的生计风险进行分析的基础上，提出两个研究假设，用实证分析方法，对所提出的研究假设进行验证。

第二章

老年人生计问题研究的理论基础

第一节 可持续生计分析框架

可持续生计（Sustainable Livelihoods）是指人们在现有生计资本基础上，如果人们能应对胁迫和冲击，并从中恢复、维持和增加资产，保持和提高能力，并且为下一代生存提供机会，在长期和短期内，以对当地和全球范围内为他人的生计带来净收益，同时又不损坏自然基础，那么该生计具有可持续性（Chambers，1992）①。联合国环境和发展大会将“可持续生计”概念引入行动议程，主张把稳定的生计作为消除贫困的主要目标。1995 年的哥本哈根社会发展世界峰会和北京第四届世界妇女大会再次强调了可持续生计的概念，丰富其内涵，进一步强调了它的重要意义。

可持续生计分析框架提出的初衷是希望推动发展工作者多从对象人群（如农户）日常生产生活的角度来理解贫困问题，并寻找适合本地情况、用好本地资源、符合当地人意愿的解决方法，而不是一味依靠外来者通过带入大量资源来解决本地问题。因此，在世界各地可持续生计分析框架被广泛运用于贫困问题的探讨中，以此来弥补输入性扶贫在贫困治理工作中表现出的局限性。目前，使用较多的可持续生计分析框架分别是由联合国开发计划署（UNDP）、关怀国际（CARE）和英国国际发展部（DFID）等国际组织提出的（唐丽霞，2010）②。联合国开发计划署（UNDP）试图通过探讨穷人所拥有的东西来对发展进行重新定义，把对发展的思考引向支持个体的男性和妇女的才能、知识和技术。

① Chambers R, Conway G. Sustainable rural livelihoods: practical concepts for the 21st century [J]. IDS Discussion Paper No. 296. Brighton, Institute of Development Studies, 1992: 296.

② 唐丽霞，李小云，左停. 社会排斥，脆弱性和可持续生计：贫困的三种分析框架及比较 [J]. 贵州社会科学，2010 (12): 4-10.

UNDP 的可持续性生计途径的目标在于推动一种整体的发展观，其中涉及收入、自然资源的管理、赋权、使用合适的工具、金融服务和善治等方面。为此，UNDP 还建立了一整套指标体系来监测生计的可持续性和安全性，这些指标包括：投入、产出、成果和过程等（纳列什·辛格乔、纳森·吉尔曼，2000）①。关怀国际（CARE）形成了独特的以农户为中心的可持续生计分析框架，其将分析的单位明确地定位于农户层次，这也暗含了 CARE 的发展项目基本上是以农户为瞄准对象的，与 UNDP 的框架相比，CARE 的框架则更具体，并且操作性更强。关怀国际认为农户的生计系统包括三个要素：拥有的能力、有形的和无形的资产的可及性以及经济活动。CARE 在可持续生计分析的基础上，提出了发展干预的三个层次：给农户提供食物、饮水、住房以及其他基本服务的生计供给（livelihood provision）、为农户提供以工代赈、种子、工具以及灌溉系统的计保护（livelihood protection）、为农户提供一定的资产、改善其生产、消费和交换环境的长期的生计促进（livelihood promotion）。总体来看，这三个层次实际上都可以归结为给农户提供并使其拥有生计资本②。

在实际应用中，最为常见的是英国国际发展署（DFID）提出的生计分析框架（如图 2－1 所示）。

DFID 模型建立在 Sen、Chambers 和 Conway 等对贫困性质进行理解的理论基础上，并且把他们的工作规范化，使之成为一套单独的、可共享的发展规划方法。这个模型可以指导生计战略和单个家庭的限制条件的分析。当应用 DFID 框架聚焦于分析单个家庭局限性这一层次时，不应忘记其他所有分析框架都必须简化贫困研究的复杂性，以便能够使它具有可操作性和实用性。通过把对贫困的新理解集成到一个分析性工具

---

① 纳列什·辛格、乔纳森·吉尔曼、祝东力．让生计可持续［J］．国际社会科学杂志：中文版，2000，17（4）：123－129.

② 张大维．生计资本视角下连片特困区的现状与治理——以集中连片特困地区武陵山区为对象［J］．华中师范大学学报（人文社会科学版），2011（4）：16－23.

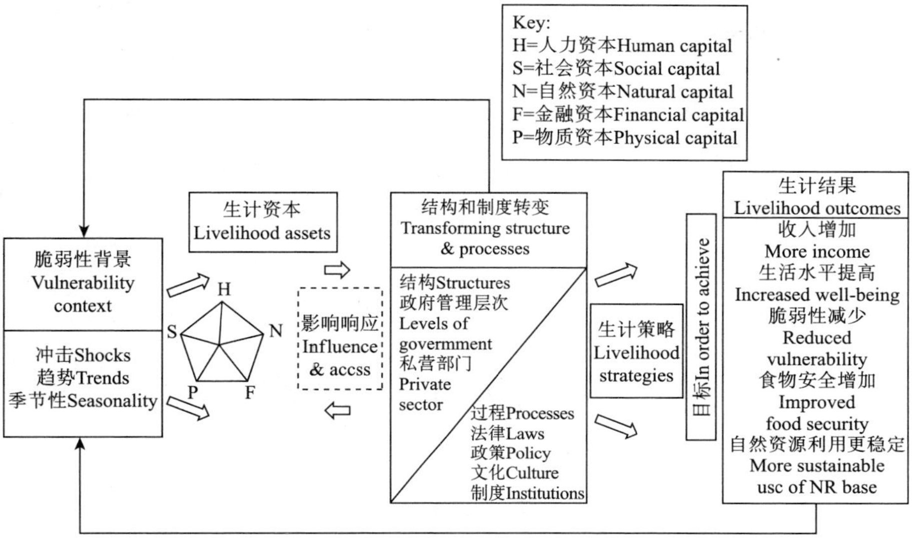

图 2－1　可持续生计分析框架示意图

之内，DFID 框架可以洞察关于生计的复杂性和影响贫困的主要因素（Martha G. Roberts、杨国安，2003）[①]。

从图 2－1 可以看出，整个分析框架由脆弱性背景、生计资本、结构和程序的转变 、生计战略和生计输出五个部分组成，从框架图可以推演出贫困发生或贫困治理的运行逻辑：在风险打击、变化趋势和季节波动等因素造就的脆弱性环境中，社区和农户的人力资本、自然资本、物化资本、金融资本、社会资本等作为可持续生计系统中最为核心的生计资本受到了严重制约，从而也影响了政府管理、私人财产等组织结构硬件和法律、政策、文化、制度等程序过程软件等的变动趋势，这种结构和过程的转变不仅决定了社区或农户采用生计战略和策略的类型，从而导致某种生计结果，同时也反过来影响生计资本和脆弱性背景；不同的生计结果不仅是生产或生活的一种状态，而且其也反过来作用生计资本，影响新的循环过程；人们要追求的生计输出和发展目标是收入增

① Martha G. Roberts，杨国安．可持续发展研究方法国际进展——脆弱性分析方法与可持续生计方法比较［J］．地理科学进展，2003，22（1）：11－21.

加、生活水平提高、脆弱性减少、食物安全增加、自然资源利用更稳定等，这就需要在明晰脆弱性环境、生计资本、组织结构和程序过程的基础上，对诸要素进行有效管制、引导和把握，尤其是要合理评估生计资本并通过改善外部环境、组织结构和程序过程以增进生计资本，从而形成良好的生计战略和策略（张大维，2011）[①]。

第二节　家庭生命周期理论

家庭生命周期理论（Family life cycle theory）是家庭从形成到解体呈循环运动的过程，在家庭生命周期的各个阶段有不同的家庭角色要扮演，不同的角色扮演有着不同的角色期待，而随着时光流逝，年岁渐增，个人观念因受外在环境影响亦不断改变[②]。家庭生命周期概念最初是由美国人类学学者 P. C. 格里克于 1947 年提出的[③]。家庭生命周期是用来描述一个传统家庭从结婚、子女出生到子女独立和终老的全过程。该过程主要用家庭人数的变化进行划分不同阶段，即家庭生命周期的不同阶段。一般而言，家庭生命周期可分为形成期、成长期、成熟期、衰老期。但在现实中，不同时期的家庭生命周期往往会出现交集，比如自己的家庭处于成长期时，父母的家庭可能已经进入了成熟期。1949 年格里克在一篇论文中提出的家庭生命周期 6 阶段是当前被普遍认同的关于家庭生命周期阶段的划分。格里克根据标志着每一阶段的起始与结束的人口事件，将家庭生命周期划分为形成、扩展、稳定、收缩、空巢与解体等 6 个阶段（如表 2－1 所示）。

① 张大维．生计资本视角下连片特困区的现状与治理——以集中连片特困地区武陵山区为对象［J］．华中师范大学学报（人文社会科学版），2011（4）：16－23.

② 杨利勤．管理学原理与方法［M］．首都师范大学出版社，2009.

③ 张敦福．现代社会学教程［M］．高等教育出版社，2001.

表 2-1　　　　家庭生命周期阶段的划分

阶　段	开　始	结　束
形成阶段	结婚	第一个孩子的出生
扩展阶段	第一个孩子的出生	最后一个孩子的出生
稳定阶段	最后一个孩子的出生	第一个孩子离开父母亲
收缩阶段	第一个孩子离开父母亲	最后一个孩子离开父母亲
空巢阶段	最后一个孩子离开父母亲	配偶一方死亡
解体阶段	配偶一方死亡	配偶另一方死亡

家庭生命周期也反映一个家庭从形成到解体呈循环运动的过程，其研究强调家庭随时间的各种变化，并解释家庭在不同时期的变迁，以说明家庭在不同发展阶段上的各种任务和需求。家庭生命周期的概念在社会学、人类学、心理学乃至与家庭有关的法学研究中都很有意义。例如，家庭处于生命周期的不同阶段，其资产、负债状况会有很大不同，因此利用家庭生命周期理论可以更好地解释家庭财产权、家庭与家庭成员的收入、妇女就业、家庭成员之间的关系、处于不同家庭生命周期的人们心理状态的变化等。

第三节　老龄化相关理论

一、生产性老龄化理论

美国老年医学专家、国家老龄问题研究所主任 Robert Butler 在 1983 年首次提出“生产性老龄化理论（productive ageing）”，该理论意在提醒人们重视老年人潜在的能力以及对家庭、社会的贡献。Bass（1995）在其著作中首次提出生产性老龄化理论的概念框架，梳理出四方面因素：个体因素（性别、态度等）、情景因素（角色、家庭情况等）、环境因素（经济、文化等）、社会政策因素（就业政策、养老体系等），认为优化政策、规范规章制度是促进老年人劳动生产、解决老龄化问题的最优途径①。生产性老龄化理论是支持老年人劳动参与行为的主要理论基础，该理论主张要以全新公正的角度看待老年人的劳动能力，要正视且认可老年人的贡献，打破传统的年龄歧视、无效的组织结构和不平等政策对老年人的约束，合理开发老年人的能力可以有效缓解人口老龄化的压力。

二、积极老龄化理论

2002 年世界卫生组织在马德里召开的第二届世界老龄化大会上首次提出“积极老龄化”理论，并把积极老龄化的内涵与意义写入《联合国第二届世界老龄大会政治宣言》。会后，世界卫生组织出版了《积极老龄化政策框架》，详细地阐述了积极老龄化的内容。把老年人健康、保障、参与作为三位一体构建积极老龄化的理论框架，老年人参与是健康的充分条件，保障是维护老年人健康、支持老年人参与的必要条件，参与则是积极老龄化的重要体现，是应对人口老龄化的新思想。广义的社会参与是指参与社会的各项活动，比如家务活动、文化娱乐活动、人际交往活动、旅游活动等都属于社会参与。也有学者把老年人社会参与分为有偿参与和无偿参与，主要分为参与有报酬工作和无报酬的工作两大类。狭义的社会参与是指老年人参与到经济生产中，即参与有报酬的工作，如老年人的劳动参与行为。劳动参与是最直观、最容易观察与测量的，也是对社会、对应对人口老龄化最有效的行为。因此在积

① Bass, Scott A., Joseph F. Quinn, and Richard V. Burkhauser. " Towards Pro – Work Policies and Programs for Older Americans. " In Scott A. Bass (ed.), Aging and Active: Dimensions of Productive Engagement Among Older Americans. New Haven: Yale University Press, 1995: 263 – 294.

极应对老龄化理论的视角下探究老年人劳动参与行为的影响因素，为参与劳动的老年人创造良好的社会环境。

第四节 代际关系相关理论

一、代际团结理论

1976 年，Bengtson 等提出了代际团结理论。该理论认为代际关系是一个多层面、多维度的概念，主要包含六个不同的亲子互动维度：结构性团结（Structural solidarity）、联系性团结（Association solidarity）、情感性团结（Affectual solidarity）、规范性团结（Normative solidarity）、共识性团结（Consensual soldarity）和功能性团结（Functional solidarity）。结构性团结主要指家庭成员的数量以及成员居住的远近；联系性团结指家庭成员联系的频率和模式；情感性团结指家庭成员之间的情感关系类型、亲密程度；规范性团结指家庭成员执行家庭角色、承担家庭责任、履行家庭义务的强度；共识性团结指家庭成员之间的价值观、态度方面的一致性；功能性团结指家庭成员之间资源互换的情况，代际支持隶属于功能性团结范畴。Bengtson and Roberts 于 1991 年归纳了代际团结测量的六个维度及实验测量指标[①]，Silverstein、Bengtson（1997）、Gaalen and Dykstra（2006）均使用此模型内的指标，并发现这是一个有用和有效的跨文化的研究工具。尽管家庭多样化导致代际关系具有更多的复杂性，代际团结理论仍被证实是有效的。基于 Bengtson and Roberts 六维度

① Robert E. L. Roberts, Leslie N Richards PhD & Vern Bengtson. Intergenerational Solidarity in Families [J]. Marriage & Family Review, 1991, 16: 1 - 2, 11 - 46.

的家庭代际关系进一步将家庭代际关系提炼成三个元维度[①]：机会结构性（opportunity structure）关系、亲密性（affinity）关系和功能性交换（functional exchange）关系[②]。其中，机会结构性关系体现为子代和亲代的居住安排，亲密性关系体现为亲近和认同，功能性交换体现为相互帮助等工具性支持，经实证研究证实代际关系各维度之间是相互独立的。

二、代际冲突理论

代际团结理论一直被当作研究代际关系的理论典范，然而由于“代际团结”暗示某种程度的一致性，在家庭代际关系逐渐多元化的趋势下受到了质疑，现实中家庭代际关系确实存在较多不一致的现象。因此 Bengtson 及其他国外学者在 1999 年针对代际团结理论做了修正，提出了“代际冲突理论”，该理论指出冲突普遍存在于家庭的各种关系中，它影响了家庭成员之间对彼此的认知进而影响了他们协助彼此的意愿，家庭代际关系中的团结与冲突并不是非此即彼的关系，高团结与高冲突的代际关系也会并存。Fingerman 强调对于成年期的代际关系，代际冲突与家庭亲密关系并不对立，相反代际冲突对深化家庭代际关系具有重要作用[③]。

三、代际团结—冲突理论

2002 年，Bengtson 等基于代际团结理论，结合有关代际冲突的相关

---

① Silverstein M, Bengtson V L. Intergenerational Solidarity and the Structure of Adult Child - Parent Relationships in American Families [J]. American Journal of Sociology, 1997, 103 (2): 429 - 460.

② Gaalen R I, Dykstra P A. Solidarity and Conflict between Adult Children and Parents: A Latent Class Analysis [J]. Journal of Marriage and Family, 2006, 68 (4): 947 - 960.

③ Fingerman K L. Discrepancies in Reports of Support Exchanges Between Aging Parents and Their Middle - Aged Children [J]. Journals of Gerontology, 2011, 66 (5): 527 - 537.

研究，提出“代际团结—冲突理论（solidarity - conflict theory）”。该理论认为代际关系不仅有团结带来的凝聚力、亲密感，也有冲突带来的疏离感。学者指出代际团结理论模型虽然仅基于代际关系的积极方面，但它的每个维度均可辩证看待：亲近与疏远（情感性团结—冲突）、一致与分歧（一致性团结—冲突）、依赖与自立（功能性团结—冲突）、融合和隔离（联结性团结—冲突）、机会和障碍（结构性团结—冲突）、家庭和个人主义（规范性团结—冲突）。该理论强调积极和消极是各个维度上的“效价”；代际团结模型是一个多维结构，各维度变化并不一致，当某个维度处于积极状态时，另一个维度也可能是消极的，因而不能从某一方面片面看待代际关系，应该结合积极、消极两个视角辩证看待代际关系。代际团结—冲突只是家庭代际关系的轮廓之一，其中代际团结占据主要地位。

四、代际反哺理论

早在 1983 年费孝通就结合家庭结构的变化与代际关系做出解释，提出代际反哺理论，认为西方家庭代际关系用公式可以表达为 F1→F2→F3→F4，而中国家庭代际关系则表达为 F1↔F2↔F3↔F4，F 意味世代交替，向右的箭头代表抚育子代或代际重心向下，向左的箭头则代表赡养父代或代际重心向上。西方这种父代抚育子代、子代抚育孙代的家庭代际关系模式也被称作“接力模式”，中国则是父代抚育子代，子代赡养父代，子代养育孙代，孙代又赡养其父代，有别于西方单方向的家庭代际关系，中国家庭代际关系中存在下一代对上一代的赡养轨迹，被称作“反馈模式”。在家庭代际关系维度的测量中，我们应当考虑到文化特质的影响，不能直接应用西方文化背景下所编制的量表来评估中国的家庭，而要紧扣中国文化脉络，密切反映中国社会文化语境，转化为适合本土研究使用的代际关系测量维度，进而深度探讨才更具意义。

第三章

我国人口老龄化及老龄人口生计资本现状

第一节　我国老龄人口概况及其特征

中国是世界人口第一大国。根据联合国发布的《世界人口展望2019》数据显示，2019 年中国总人口数量为 14.34 亿，占世界总人口的 19%，印度总人口为 13.7 亿，占世界总人口的 18%，预计到 2027 年左右印度将超过中国成为世界人口第一大国。根据联合国预测，2019—2050 年中国人口将减少，预计将减少 3140 万人，到 2100 年时中国总人口数量为 10.65 亿（如图 3－1 所示）。

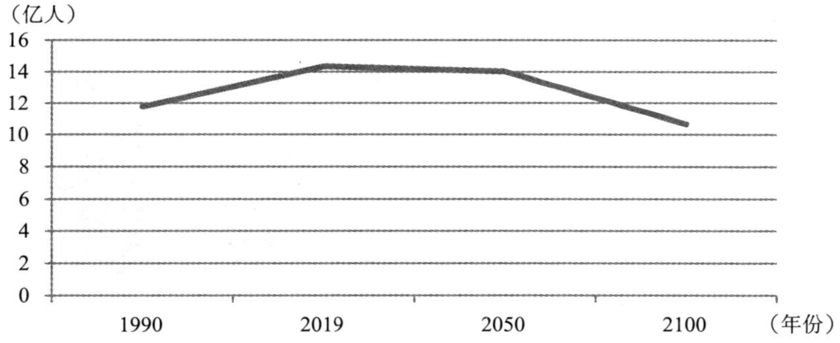

图 3－1　中国总人口数量变化

生育下降是人口减少的主要原因之一。生育率下降不仅影响总人口数量，还改变人口年龄结构。随着人们生活水平的提高和医疗技术的进步，人们预期寿命不断延长，导致世界人口年龄结构出现老龄化局面。2018 年是人类历史上首次 65 岁及以上人口数量超过了儿童数量。预计 2019—2050 年，世界 65 岁及以上人口数量将增加一倍以上，且性别比例失衡，65 岁及以上女性占比达到 55%，80 岁及以上女性占比更是高达 61%，呈现出显著的老龄化和高龄化特征。

在世界人口老龄化的浪潮中，作为人口大国的中国人口老龄化特征也非常显著。根据《中国人口老龄化发展趋势预测研究报告》，中国人口老龄化始于2000年，在发展中国家是比较早进入老龄社会的国家。按照联合国人口司的报告，中国人口从1980年的9.84亿增加到2019年的14.33亿，其中60岁及以上人口数量从1980年的0.77亿增加到2019年的2.54亿。60岁及以上人口占总人口的比重从1980年的7.85%增加到2019年的18.1%，且该比例将在未来40年里快速上升，预计到2050年时接近30%（如图3－2所示）。从图3－2可以看出，我国老龄人口数量从2015—2020年快速增加，到2050年左右将会达到峰值。

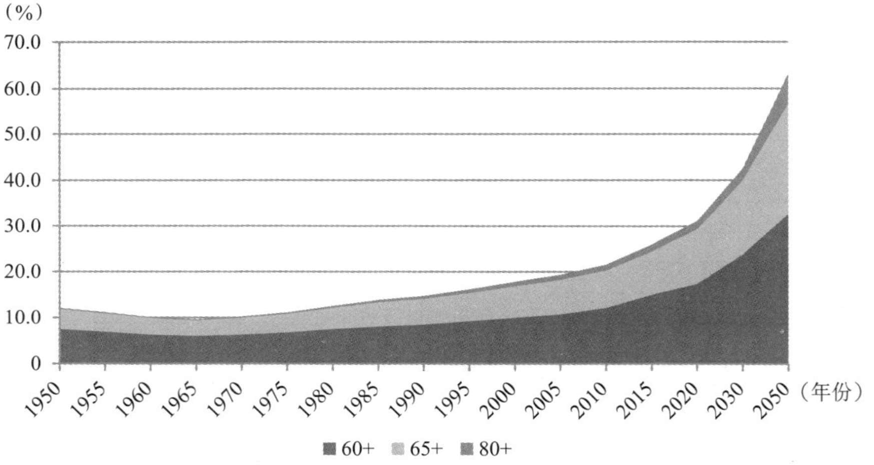

图3－2 中国老年人口占比

根据《中国统计年鉴》数据显示，到2019年底，中国65周岁及以上人口17603万人，占总人口的12.6%①。根据联合国人口署的统计数据，2020年中国65岁及以上老龄人口数量占总人口比重远高于世界平均水平9.3%，中国65岁及以上老龄人口占全世界65岁及以上老龄人口的23.83%②。

① 2020－2026年中国人口老龄化行业市场营销战略及供需形势分析报告［R］.

② https：//www.unfpa.org/data/world－population/CN.

在未来，中国的老龄人口数量将持续增加，且在现行生育政策下，人口年龄结构变化预计经历以下阶段：从2021—2050年是人口加速老龄化阶段，这期间中国60岁及以上人口数量将以每年620万人的速度增加，到2050年时总量将超过4亿人，而80岁及以上老年人口将以平均每年220万人的速度增加，到2050年时达到9448万人，占总人口的比重高达21.78%；从2051—2100年是人口老龄化速度基本稳定且已经进入重度老龄化的阶段，这期间中国60岁及以上人口将达到其峰值，约为4.37亿人，且在一定时期内保持较为稳定的数量，80岁及以上老年人口占比也将保持在25%—30%，已经处于重度老龄化状态[①]。

根据《中国人口老龄化和老龄事业发展报告》对未来中国人口老龄化进行的方案预测基本符合我国人口年龄结构的变化轨迹，据预测，到2050年时我国60岁及以上人口占总人口的比重将达到30.7%，其中80岁及以上的高龄老人占比将达到21.34%（见表3-1）。从表3-1中可以看出，到2030年左右时中国人口老龄化速度达到其峰值，之后进入重度老龄化以及高龄化阶段。虽然，各种统计预测数据存在一些差异，但可以肯定的是中国已进入快速老龄化时期。下面，通过几个重要指标进一步说明中国人口老龄化现状及预测。

表3-1　　中国老年人口发展趋势预测：2000—2050年（方案）

人口 / 年份	总人口（亿）	人数（亿人）			比例（%）		
		60岁+	65岁+	80岁+	60岁+	65岁+	80岁+/60岁+
2000	12.67	1.30	0.88	0.12	10.3	6.95	9.23
2005	13.18	1.43	1.00	0.15	10.8	7.59	10.49
2010	13.62	1.66	1.09	0.18	12.2	8.00	10.84
2015	14.03	2.05	1.29	0.22	14.6	9.19	10.73
2020	14.36	2.34	1.63	0.25	16.3	11.35	10.68
2025	14.57	2.83	1.87	0.29	19.4	12.83	10.25
2030	14.65	3.40	2.29	0.37	23.2	15.63	10.88
2035	14.65	3.81	2.77	0.51	26.0	18.91	13.39

① 全国老龄工作委员会办公室．中国人口老龄化发展趋势预测研究报告［A］．中国人口老龄化研究论文集［C］．花龄出版社，2010：4.

续表

年份＼人口	总人口（亿）	人数（亿人）			比例（%）		
		60 岁 +	65 岁 +	80 岁 +	60 岁 +	65 岁 +	80 岁 +/60 岁 +
2040	14.57	3.92	3.08	0.57	26.9	21.14	14.54
2045	14.42	4.07	3.15	0.73	28.2	21.85	17.94
2050	14.19	4.35	3.23	0.93	30.7	22.76	21.34

数据来源：姜向群，杜鹏．中国人口老龄化和老龄事业发展报告［M］．北京：中国人民大学出版社，2013：13－14.

一、生育率

众所周知，人口生育率指标直接影响一个国家或地区的人口总量和年龄结构。中国人口生育率从20世纪50年代的每位妇女平均生育6个孩子下降到20世纪七八十年代的平均每位妇女生育3—4个孩子，再到21世纪初期的每位妇女平均生育1.6个孩子，在较短的时间内完成了生育率的快速下降（如图3－3所示）。从图中可以看出，中国人口生育率在1950—1955年为6.11孩子/妇女，到1965—1970年达到最高值6.30后持续下降，到2000—2005年为历史最低1.61，之后有所上升，2015—2020年为1.69。中国人口生育率在短期内受到政策影响而骤降是我国人口快速老龄化的一个直接原因，但是随着计划生育政策的改变，中国人口生育率有小幅上升趋势。

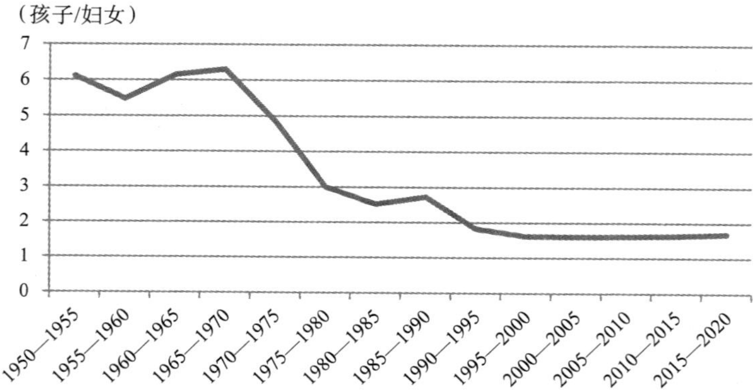

图3－3 中国生育率变化

数据来源：联合国网站。

二、预期寿命

据联合国的报告，中国人均预期寿命从新中国成立初期到现在已经翻了一番，从1950—1955年的43.83岁延长到1995—2000年的70.58岁，再到2015—2020年76.62，在未来将持续增长，预计到2045—2050年时达到80岁，接近发达国家的平均水平。虽然，联合国数据比国内统计数据显示的人均预期寿命77岁低一点，但是总体趋势一致。在未来，随着中国经济社会的不断发展，人们生活质量的提高以及医疗技术的进步，人均预期寿命不断延长是不争的事实。不仅人均预期寿命显著延长，老年人口的预期寿命也有较明显的提高。中国60岁人口的预期寿命从1950—1955年的11.0岁延长到2015—2020年的20.21岁（如图3-4所示）。由图3-4可以看出，中国80岁高龄老人的预期寿命也在逐年不断延长，这说明，中国人口不仅在快速老龄化，老龄人口的高龄化现象也十分突出。

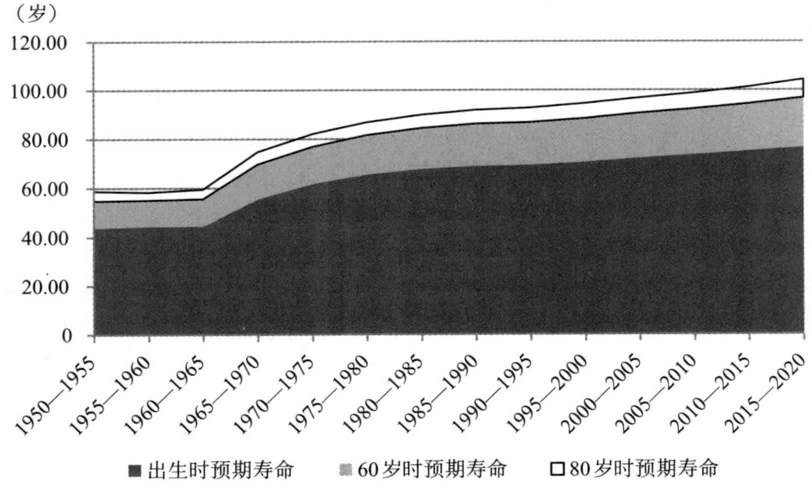

图3-4 中国人口预期寿命

数据来源：联合国网站。

三、老龄人口增长率

中国总人口从1978年的不到10亿增加到2000年的12.5亿人，在20多年间人口增加了3亿多人。然而，这期间的人口增长率却是新中国成立以来的最低水平。根据王丰等（2006）的数据，在1950—1980年间，每10年的年均人口增长率分别是1.82%、2.26%和1.73%。到了20世纪80年代，年均人口增长率下降到1.46%，90年代仅为1.02%[①]。与此同时，中国老龄人口的增长率较高，是世界上老龄化速度最快的国家之一。根据联合国人口署的数据[②]，在2011—2050年间老龄人口（60岁及以上）占比增长最快的10个国家如表3-2所示。从表中可见，2011—2050年间中国老龄人口的增长率为21%，排在第九位，但是由于中国人口基数较大，老龄人口的绝对数量始终排在世界首位。

表3-2　2011年人口超过100万的国家中老龄化速度最快的10个国家

序号	国家	老龄人口增长率	2050年老龄人口占比	序号	国家	老龄人口增长率	2050年老龄人口占比
1	阿联酋	35%	36%	6	韩国	23%	39%
2	巴林	29%	32%	7	越南	22%	31%
3	伊朗	26%	33%	8	古巴	22%	39%
4	阿曼	25%	29%	9	中国	21%	34%
5	新加坡	23%	38%	10	特立尼达和多巴哥	21%	32%

数据来源：United Nations Population Division，“World Population Prospects：The 2010 Revision”[R]. New York：UN Population Division，2011. 注：老龄人口增长率是指2011—2050年60岁及以上人口占总人口的比例增长率。

① 王丰、安德鲁·梅森，“中国经济转型过程中的人口因素”[J]. 中国人口科学，2006（3）：2-18.

② United Nations Population Division. World Population Prospects：The 2010 Revision [R]. New York：UN Population Division，2011.

人口金字塔图能够很好地反映一国人口年龄结构的变化过程。根据乌仁格日乐（2015）的测算，中国在1950—2100年人口年龄结构变化情况如图3－5所示[①]。从图中可以看出，1950年时人口出生率较高，是中国的“婴儿潮”时期，人口金字塔图为典型的三角形。到1980年生育率开始快速下降，10岁以下儿童比重明显收缩，人口金字塔图的形状开始略有变化。2000年开始，我国人口年龄结构从典型的三角形逐步向方形转变，60岁及以上人口占比逐年提高，到21世纪中叶人口金字塔图已经完全变形。如果60岁及以上年龄人口不再进行细分，到2080年时中国人口金字塔图的形状已经接近一个倒三角形。

四、人口抚养比

随着中国人口年龄结构的变化，老年人口抚养比也在不断提高，对年轻一代的养老压力逐步增加。根据联合国的数据，中国老年抚养[②]比从1980年的8.53%上升到2020年的17.0%，预计到2050年时达到39.00%（如图3－6所示）[③]。从图中可看出，中国的总抚养比[④]从1980年开始以较快速度下降，到2013年后开始反弹，其变化的主要诱因来自于中国的计划生育政策和人口的快速老龄化。图3－7则反映了我国六次人口普查数据的人口年龄结构以及抚养比变化情况。在计划生育政策影响下，中国少儿抚养比从1980年持续下降到2013年后基本稳定在24%左右的水平上。15—64岁劳动年龄阶段人口从第二次人口普

① 乌仁格日乐．人口老龄化对中国经济增长的积极效应［D］．中央财经大学，2015.

② 老年抚养比是指65岁及以上人口占15—64岁人口的比重；少儿抚养比是指0—14岁人口占15—64岁人口比重。

③ 数据来源于联合国网站 https：//population. un. org/wpp/Download/Standard/Population/.

④ 总抚养比是指0—14岁和65岁及以上人口占15—64岁人口的比重。

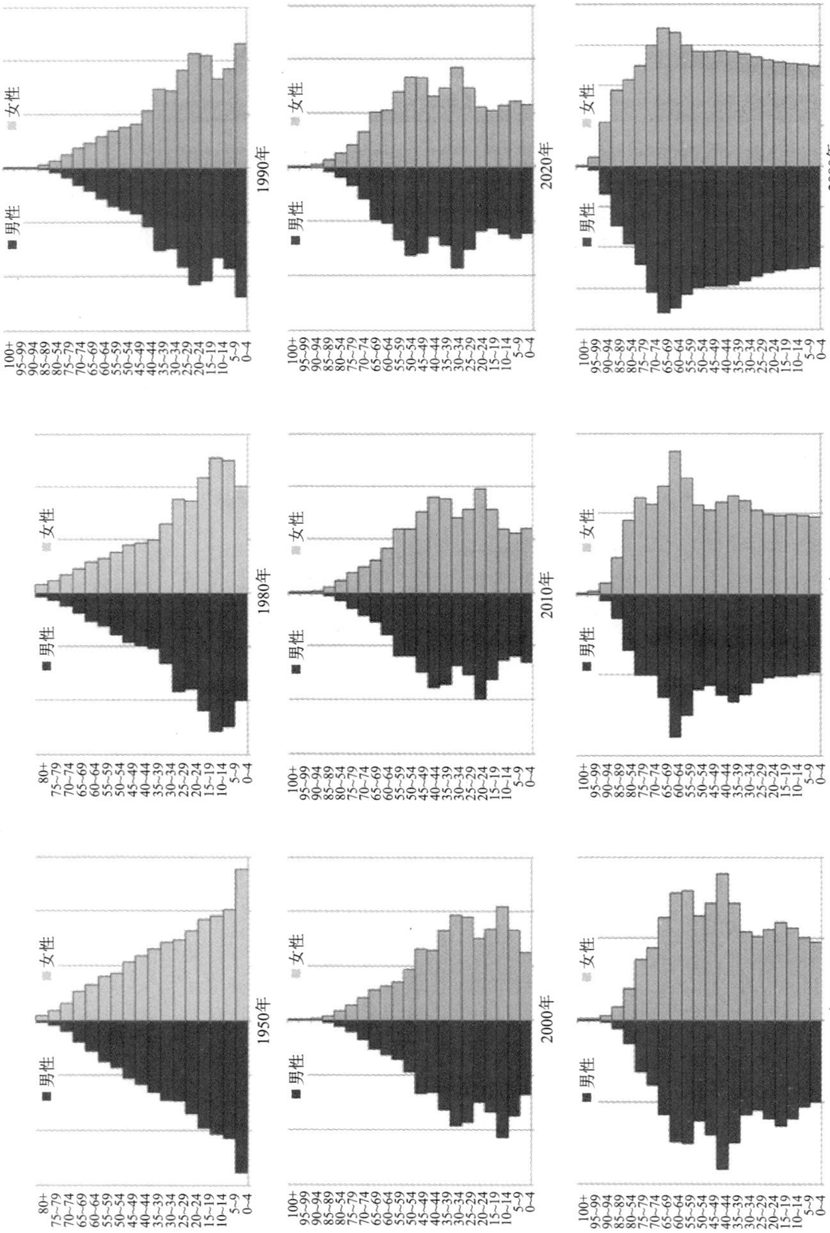

图 3－5　我国人口金字塔图

查时期开始持续增长，但对第五次和第六次人口普查数据进行比较发现，增长率开始下降，与此同时，65 岁及以上人口占总人口的比重则在不断上升。

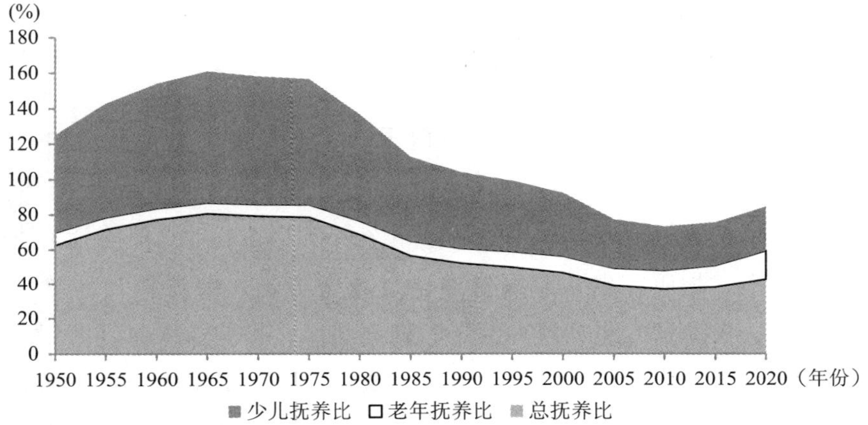

图 3－6　中国老年抚养比变化

数据来源：联合国网站。

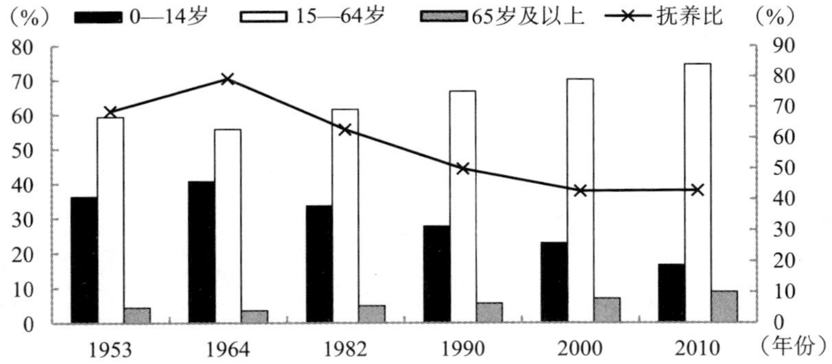

图 3－7　六次人口普查年龄结构及抚养比

数据来源：国家统计局网站。

综上所述，中国作为发展中人口大国，已经步入老龄社会十余载。因基本国情、历史文化、政策制度以及发展阶段不同，而中国人口老龄化问题显示出独有的特征。

第二节　我国老龄人口生计资本现状

一、我国老龄人口生计资本分布情况

基于可持续生计资本理论框架，本节所涉及的老龄人口生计资本包括人力资本、物质资本、自然资本、金融资本、社会资本与转移性收入。其中，人力资本包括教育情况、健康状况，物质资本通过老年人获得的工资收入、农业收入、个体收入来衡量，自然资本为老年人拥有的耕地、林地、牧场与水塘，金融资本则包括存款与投资，社会资本涵盖社会活动参与种类与政治参与情况，转移性收入是指子女经济支持（即家庭内部转移）与政府转移支付。基于 CHARLS2018 数据筛选年龄在 60 岁及以上的老年人，剔除相关缺失值后得到 6342 个观测值。具体生计指标现状如表 3－3 所示。

表 3－3　　全体老年人生计资本情况

生计资本现状		人数（个）	占比（%）
人力资本			
教育情况	文盲	1678	26.46
	小学	2837	44.73
	初中	1074	16.93
	高中	478	7.54
	中专及以上	275	4.34
健康状况	很不好	462	7.28
	不好	1517	23.92
	一般	2997	47.26
	好	747	11.78
	很好	619	9.76

续表

生计资本现状		人数（个）	占比（%）
物质资本			
工资收入	未领工资	5549	87.50
	领工资	793	12.50
农业收入	未从事农林生产	3694	58.25
	农林生产	2648	41.75
	未养殖牲畜、水产	5122	80.76
	养殖牲畜、水产品	1220	19.24
个体收入	未从事个体经营	6015	94.84
	个体经营	327	5.16
自然资本			
是否有耕地、	无	3795	59.84
牧场、水塘	有	2547	40.16
金融资本			
存款	无存款	4178	65.88
	存款	2164	34.12
投资	无投资	6205	97.84
	投资	137	2.16
社会资本			
参加社会活动种类	0 种（不参与）	3151	49.68
	1 种	1919	30.26
	2 种	807	12.72
	3 种	294	4.64
	4 种	110	1.73
	5 种及以上	61	0.96
是否为党员	否	5570	87.83
	是	772	12.17
转移性收入			
子女经济支持	无	2456	38.73
	有	3886	61.27
政府转移支付	无	1192	18.80
	有	5150	81.20

数据来源：CHARLS2018。

（一）人力资本概况

人力资本概况由受教育情况和健康状况两个维度说明。

1. 教育情况

全体老年人中未受过教育的老年人占26.46%，受教育程度为小学的老年人占比最多为44.73%，随着受教育程度的提高，老年人的占比逐渐下降，受教育程度为中专及以上的老年人仅占4.34%。

2. 健康状况

健康状况由老年人自评情况来衡量，问卷中设置自认为健康状况很不好、不好、一般、好和很好五个答案，供被调查者选择。全体老年人中认为自身健康状况一般的老年人占比最多，为47.26%，认为自身健康状况不好与非常不好的老年人共占31.2%，认为自身健康状况好与非常好的老年人共占21.54%，认为自身健康状况较差的老年人多于健康自评良好的老年人。

（二）物质资本

根据CHARLS2018调查问卷设置的特点，将老年人的物质资本通过劳动性收入衡量，从工资收入、农业收入、个体收入三个方面进行考察。

1. 工资收入

由表3-3可知，12.5%的老年人从单位/雇主获得工资，进一步统计数据后发现，年工资收入在20000元以下的老年人有583人，占全体老年人的9.19%，年工资收入在20000—40000元的老年人有145人，占全体老年人的2.29%，年工资收入在40000元以上的老年人仅有65人，占全体老年人的1.02%。

2. 农业收入

根据CHARLS2018家户农业收入部分问卷设置，老年人农业收入包括农林生产收入与牲畜、水产品养殖收入。

（1）农林产品生产收入

由表3-3可知，全体老年人中有2648位老年人生产农林产品，占全体老年人的41.75%；生产农林产品年收入在20000元以下的老年人有 2499 人，占全体老年人的 39.4%，生产农林产品年收入在 20000—40000 元与 40000 元以上的老年人分别为 104 人、45 人，各占全体老年人的 1.64%、0.71%，老年人生产农林产品获得的年收入大多集中分布在 20000 元以下部分。

（2）牲畜、水产品养殖收入

由表 3 - 3 可知，全体老年人中养殖牲畜、水产品的老年人有 1220 人，占全体老人的 19.24%；养殖牲畜、水产品年收入在 20000 元以下的老年人有 1171 人，占全体老年人 18.46%，养殖牲畜、水产品年收入在 20000—40000 元与 40000 元以上的老年人分别为 22 人、27 人，各占全体老年人的 0.35%、0.43%，老年人养殖牲畜、水产品获得的年收入也集中分布在 20000 元以下部分。

3. 个体收入

由表 3 - 3 可知，参与个体经营的老年人有 327 人，占全体老年人的 5.16%。其中，个体经营年净赚在 20000 元以下的老年人有 193 人，占全体老年人的 3.04%，个体经营年净赚在 20000—40000 元与 40000 元以上的老年人分别为 48 人、86 人，各占全体老年人的 0.76%、1.36%。相比于工资收入与农业收入，老年人个体经营收入占比较低。

（三）自然资本

通过 CHARLS2018 家户资产问卷中“是否拥有耕地、林地、牧场、水塘?”问题衡量老年人拥有的自然资本，由表 3 - 3 可知，40.16% 的老年人拥有自然资本。若将拥有的自然资本出租，获得年租金在 20000 元以下的老年人有 2509 人，占全体老年人的 39.56%，获得年租金在 20000—40000 元与 40000 元以上的老年人分别为 18 人、21 人，各占全体老年人的 0.28%、0.33%。

（四）金融资本

基于 CHARLS2018 金融资产问卷内容，将老年人金融资本分为存款与投资，存款是指老年人在金融机构如银行、信用社存的钱，投资则包括债券股票、基金和其他理财产品（余额宝、P2P、收益类保险等）。

1. 存款

由表3－3可知，约三分之一的老年人拥有存款，且对数据进一步分析了解到，老年人存款金额在20000元以下的有1369人，占全体老年人的21.59%，老年人存款金额在20000—40000元与40000元以上的老年人分别为259人、536人，各占全体老年人的4.08%、8.45%。

2. 投资

由表3－3可知，全体老年人中仅有2.16%的老年人进行投资；投资收益在20000元以内的老年人有53人，占全体老年人的0.84%，老年人投资收益在20000—40000元与40000元以上的老年人分别为18人、66人，各占全体老年人的0.28%、1.04%。

（五）社会资本

由表3－3可知，选取了社会活动参与种类与政治参与两个指标衡量老年人的社会资本，其中，社会活动参与种类体现老年人与社会交往的程度，政治参与则体现老年人一定的地位与较强的话语权。近一半的老年人并未参与任何社会活动，参与社会活动的老年人中，仅参与1种社会活动的老年人占比最多，为30.26%；随着参与社会活动种类的增多，老年人的比例逐渐降低。由表3－3可知，身为党员的老年人占全体老年人的12.17%。

（六）转移性收入

除了以上五个层面的生计资本指标，老年人的生计资本中还应考虑子女的经济支持与政府的转移支付支持。CHARLS2018问卷中，子女的经济支持指过去一年未与受访老年人同住的子女给受访老年人提供的生活费用；政府的转移支付则包括退休金、养老金、高龄老人养老补助等。

1. 子女经济支持

由表3－3可知，有61.27%的老年人获得子女的经济支持，对数据进一步分析了解，子女过去一年的经济支持在20000元以内的老年人有3727人，占全体老年人的58.77%，子女经济支持在20000—40000元与40000元以上的老年人分别为111人、48人，各占全体老年人的

1.75%、0.76%。

2. 政府转移支付

由表3-3可知，获得政府转移支付的老年人占全体老年人的81.2%，同样进一步分析数据发现，过去一年获得政府转移支付收入在20000元以内的老年人有4034人，占全体老年人的63.61%，政府转移支付收入在20000—40000元与40000元以上的老年人分别为759人、357人，各占全体老年人的11.97%、5.63%。相比于子女经济支持，政府转移支付支持覆盖范围更大。

二、城乡老年人生计资本现状对比

基于CHARLS2018数据筛选年龄在60岁及以上的老年人，剔除相关缺失值后得到6342个观测值，其中城镇老年人1708人，占总体老年人的26.93%。农村老年人4634人，占总体老年人的73.07%。梳理已有文献可知城镇、农村老年人由于居住空间、经济文化等差异，城镇老年人、农村老年人生计来源具有显著差异，表3-4展示了城镇、农村老龄人口生计资本基本情况。

表3-4　城镇、农村老龄人口生计现状

生计资本现状		城镇		农村	
		人数（个）	占比（%）	人数（个）	占比（%）
人力资本					
教育情况	文盲	215	12.59	1463	31.57
	小学	610	35.71	2227	48.06
	初中	441	25.82	633	13.66
	高中	244	14.29	234	5.05
	中专及以上	198	11.59	77	1.66
健康状况	很不好	92	5.39	370	7.98
	不好	293	17.15	1224	26.41
	一般	887	51.93	2110	45.53
	好	263	15.40	484	10.44
	很好	173	10.13	446	9.62

续表

生计资本现状		城镇		农村	
		人数(个)	占比(%)	人数(个)	占比(%)
物质资本					
工资收入	未领工资	1502	87.94	4047	87.33
	领工资	206	12.06	587	12.67
农业收入	未从事农林生产	1576	92.27	2118	45.71
	农林生产	132	7.73	2516	54.29
	未养殖牲畜、水产	1676	98.13	3446	74.36
	养殖牲畜、水产品	32	1.87	1188	25.64
个体收入	未从事个体经营	1583	92.68	4432	95.64
	个体经营	125	7.32	202	4.36
自然资本					
是否有耕地、	无	1503	88.00	2292	49.46
牧场、水塘	有	205	12.00	2342	50.54
金融资本					
存款	无存款	909	53.22	3269	70.54
	存款	799	46.78	1365	29.46
投资	无投资	1592	93.21	4613	99.55
	投资	116	6.79	21	0.45
社会资本					
参加社会活动种类	0种（不参与）	627	36.71	2524	54.47
	1种	527	30.85	1392	30.04
	2种	283	16.57	524	11.31
	3种	145	8.49	149	3.22
	4种	77	4.51	33	0.71
	5种及以上	49	2.87	12	0.26
是否为党员	否	1369	80.15	4201	90.66
	是	339	19.85	433	9.34
转移性收入					
子女经济支持	无	872	51.05	1584	34.18
	有	836	48.95	3050	65.82
政府转移支付	无	209	12.24	983	21.21
	有	1499	87.76	3651	78.79

数据来源：CHARLS2018。

（一）人力资本

1. 教育情况

由表3－4可知，城镇老年人受教育情况优于农村老年人，城镇老年人的平均受教育程度接近初中水平，农村老年人平均受教育程度为小学水平，城镇、农村各样本老年人受教育程度结构分布如图3－8所示。

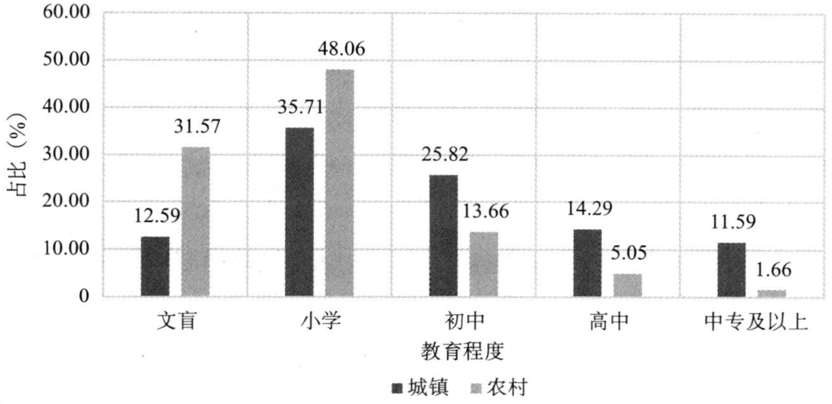

图3－8　城镇老年人受教育程度结构分布图

由图3－8可知，城镇老年人中未受过教育的老年人占比为12.59%，受教育程度为小学水平的占比最多为35.71%，受教育程度为初中水平的占比为25.82%。受教育程度在高中、中专及以上的老年人占比较低，分别为14.29%和11.59%。

农村老年人中未受过教育的老年人占31.57%，受教育程度在小学水平的老年人占比为48.06%，受教育水平为初中的农村老年人占比最高为48.06%，受教育程度在初中水平的老年人占比为13.66%，受教育程度在高中、中专及以上的老年人仅占5.05%、1.66%。

2. 健康状况

城镇、农村各样本老年人健康状况结构分布如图3－9所示。由图3－9可以看出，城镇老年人的健康状况基本呈对称分布，城镇老年人中健康状况很不好的老年人与健康状况很好的老年人占比分别为5.39%、10.13%，健康状况不好的老年人与健康状况好的老年人占比分别为 17.15%、15.4%，健康状况一般的老年人占比最多为 51.93%。

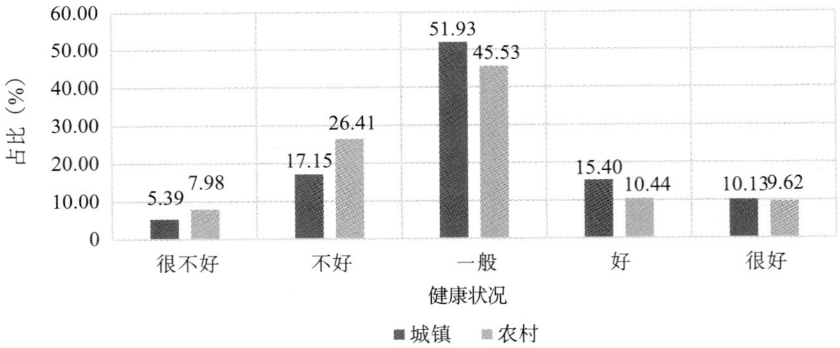

图 3-9　老年人健康状况分布图

农村老年人中，健康状况很不好的老年人与健康状况很好的老年人占比分别为 7.98%、9.62%，健康状况不好的老年人与健康状况好的老年人占比分别为 26.41%、10.44%，健康状况一般的老年人占比最多为 45.53%。总体而言，城镇老年人的健康状况普遍优于农村老年人。

（二）物质资本

根据 CHARLS2018 调查问卷设置的特点，将老年人的物质资本通过劳动性收入衡量，从工资收入、农业收入、个体收入三个方面进行考察。

1. 工资收入

由表 3-4 可知，城镇老年人与农村老年人获得工资收入的比例大致相当，图 3-10 为城镇、农村老年人工资收入结构分布图，由图 3-10 可知，城镇老年人工资收入的均值远高于农村老年人，几乎是农村老年人工资收入均值的 2 倍。

由图 3-10 可知，6.73% 的城镇老年人工资收入在 20000 元以内，10.1% 的农村老年人工资收入在 20000 元以内；低工资收入水平中的农村老年人占比高于城镇老年人。工资收入在 20000—40000 元水平的城镇老年人与农村老年人的占比分别为 3.45%、1.86%，工资收入在

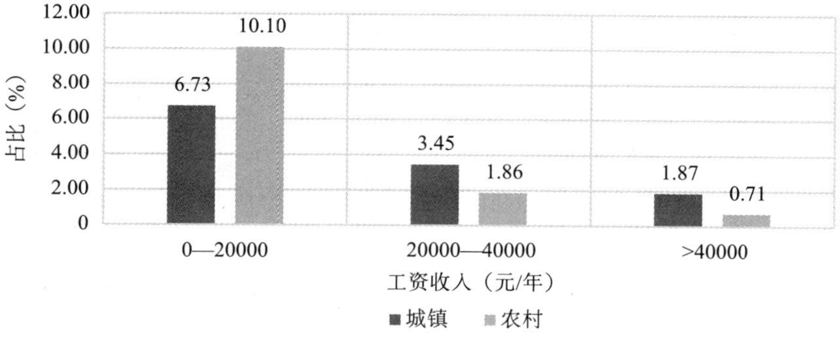

图 3－10　工资收入结构分布图

40000 元以上的农村老年人与城镇老年人的占比分别为 1.87%、0.71%，由此可知，年工资收入在 20000 元以上的老年人中，城镇老年人的比例高于农村老年人。

2. 农业收入

由表 3－4 可知，城镇老年人中有 7.73% 的老年人获得农林产品生产收入，有 1.87% 的老年人获得牲畜、水产品养殖收入；城镇老年人生产农林产品的收入均值为 607.13 元，养殖牲畜、水产品的收入均值为 2164.43 元。农村老年人中有 54.29% 的老年人获得农林产品生产收入，有 25.64% 的老年人获得牲畜、水产品养殖收入；农村老年人生产农林产品的收入均值为 3778.18 元，养殖牲畜、水产品的收入均值为 1473.38 元。

（1）生产农林产品收入

图 3－11 为城镇、农村老年人生产农林产品的收入结构分布图。由图可知，城镇老年人中有 7.14% 的老年人获得 20000 元以内的农林生产收入。51.29% 的农村老年人过去一年生产农林产品的收入在 20000 元以内，2.14% 的农村老年人生产农林产品的收入在 20000—40000 元，仅有 0.86% 的农村老年人生产农林产品的收入在 40000 元以上。

（2）养殖牲畜、水产品收入

城镇、农村老年人养殖牲畜、水产品的收入结构分布图如图 3－12 所示。由图可知，城镇老年人中有 1.64% 的老年人获得 20000 元以内的

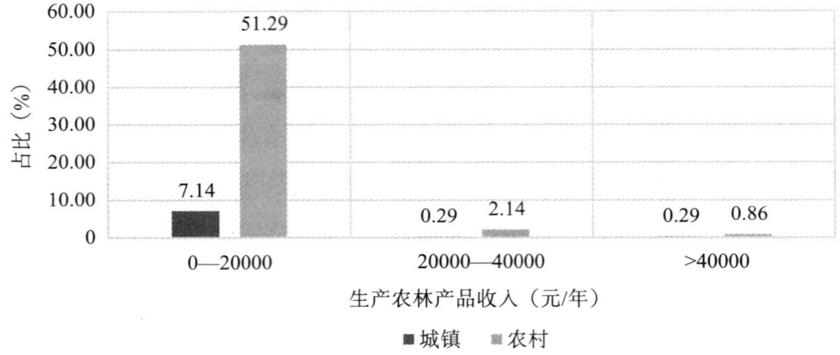

图 3-11　生产农林产品收入结构分布

养殖牲畜、水产品的收入。24.67% 的农村老年人过去一年养殖牲畜、水产品的收入在 20000 元以内，0.45% 的农村老年人生产农林产品的收入在 20000—40000 元，0.52% 的农村老年人生产农林产品的收入在 40000 元以上。

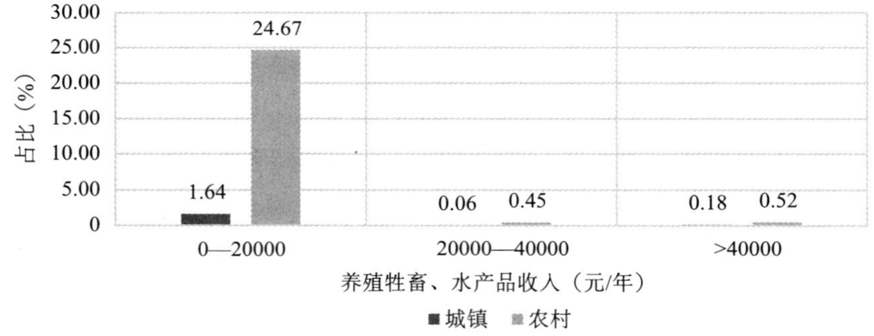

图 3-12　养殖牲畜、水产品收入结构分布

综上，农村老年人的农业收入高于城镇老年人的农业收入，且农村老年人生产农林产品获得的收入要高于养殖牲畜、水产品获得的收入。

3. 个体收入

由表 3-4 可知，有 7.32% 的城镇老年人过去一年获得了个体经营收入，有 4.36% 的农村老年人获得了个体经营收入；城镇老年人个体经营收入的均值为 3374.49 元，农村老年人个体经营收入均值为 1397.29 元，城镇老年人个体经营收入均值约为农村老年人个体经营均值的 2.4 倍。城镇、农村老年人个体收入结构分布如图 3－13 所示。

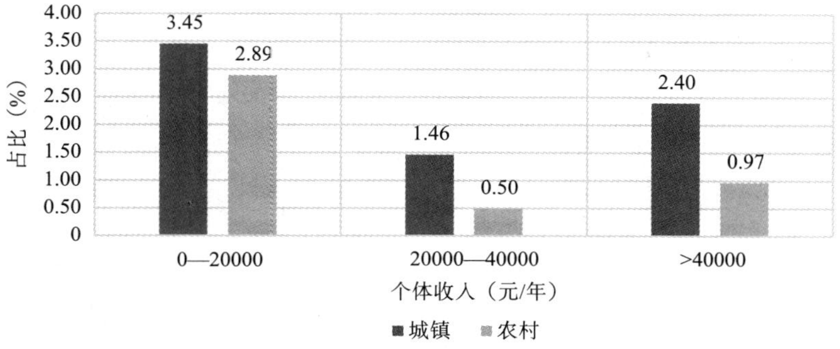

图 3－13　个体收入结构分布

由图 3－13 可知，城镇、农村老年人个体收入分布呈现 U 形分布。3.45% 的城镇老年人个体收入在 20000 元以内，2.89% 的农村老年人个体收入在 20000 元内；个体收入在 20000—40000 元的城镇老年人占比为 1.46%，农村老年人为 0.5%；个体收入在 40000 元以上的城镇老年人占比升高为 2.4%，农村老年人为 0.97%。

（三）自然资本

由表 3－4 可知，城镇老年人中有 12% 的老年人拥有耕地类的自然资本，有 50.54% 的农村老年人拥有耕地类自然资本；若将拥有的自然资本出租，城镇老年人获得的出租收入年均值为 1376.27 元，农村老年人获得的出租收入年均值为 1748.92 元。城镇、农村老年人出租自然资本获得的收入分布如图 3－14 所示。

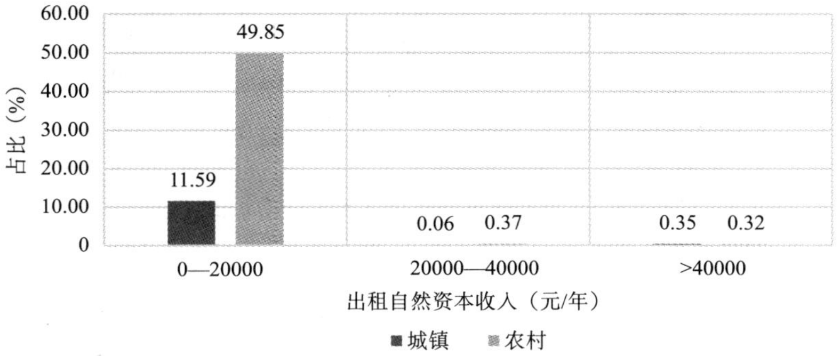

图 3－14　城镇、农村老年人出租自然资本获得的收入分布

由图可知，城镇、农村老年人出租耕地、林地、牧场、水塘获得的年收入基本在20000元以内，其中城镇老年人占11.59%，农村老年人占49.85%。出租自然资本获得的收入在20000—40000元的城镇老年人仅占0.06%，农村老年人占0.37%；出租自然资本获得的收入在40000元以上的城镇老年人与农村老年人占比极低，仅为0.35%、0.32%。

（四）金融资本

老年人的金融资本收入可以通过存款和投资实现，其中存款是指老年人在金融机构如银行、信用社存的钱，投资包括债券（国库券、企业券）、股票、基金、其他理财产品（余额宝、P2P、收益类保险等），各类别老年人占比如表3－4所示。

1. 存款

由表3－4可知，46.78%的城镇老年人拥有存款，农村老年人中有29.46%的老年人有存款，城镇老年人不仅拥有存款的比例高于农村老年人，存款均值也远高于农村老年人，城镇老年人存款均值为91835.17元，农村老年人存款均值为6934.87元，城镇老年人存款均值是农村老年人的13.24倍。城镇、农村老年人存款分布如图3－15所示。

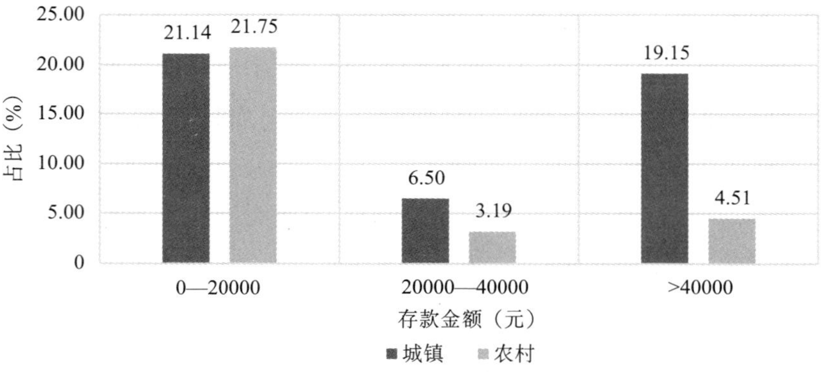

图3－15　城镇、农村老年人存款分布

由图3－15可知，存款在20000元以内的农村老年人的比例略微高于城镇老年人，存款在20000元以上城镇老年人的比例则明显高于农村老年人。存款在20000—40000元的城镇老年人的比例为6.5%，农村老年人的比例位 3.19%，城镇老年人是农村老年人的 2.04 倍；存款在 40000 元以上的城镇老年人的比例为 19.15%，农村老年人为 4.51%，城镇老年人是农村老年人的 4.27 倍。随着存款数额的增加，相比农村老年人，城镇老年人的比例增长更多。

2. 投资

由表 3－4 可知，6.79% 的城镇老年人持有股票等投资产品，仅有 0.45% 的农村老年人表示，城镇老年人的投资意愿明显高于农村老年人。城镇老年人拥有的投资数额均值为 13762.69 元，农村老年人拥有的投资数额均值为 72.34 元。城镇、农村老年人投资数额分布如图 3－16 所示。由图 3－16 可知，城镇老年人投资金融资产的比例在各个数额区间都远高于农村老年人，投资金额在 20000 元内的城镇老年人比例是农村老年人的 6.2 倍，投资金额在 20000—40000 元的城镇老年人比例是农村老年人的 14.7 倍，投资金额在 40000 元以上的城镇老年人比例是农村老年人的 93.8 倍。随着投资金额的增大，城镇老年人的比例远高于农村老年人。

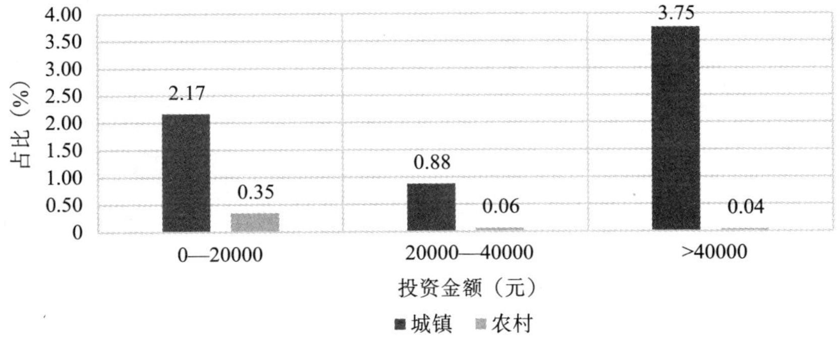

图 3－16　城镇、农村老年人投资数额分布

（五）社会资本

1. 参与社会活动种类

由表 3－4 可知，城镇老年人中未参与社会活动的比例为 36.71%，农村老年人中未参与社会活动的比例为 54.47%，一半以上的农村老年人并没有参与社会活动。图 3 – 17 展示了参与社会活动种类与城镇、农村老年人分布比例，参与社会活动的老年人中，30. 85% 的城镇老年人参与 1 种社会活动，30. 04% 的农村老年人也参与 1 种社会活动，随着参与社会活动种类的增多，城镇、农村老年人的比例均有所下降，但城镇老年人的比例始终高于农村老年人，城镇老年人社会活动参与情况优于农村老年人。

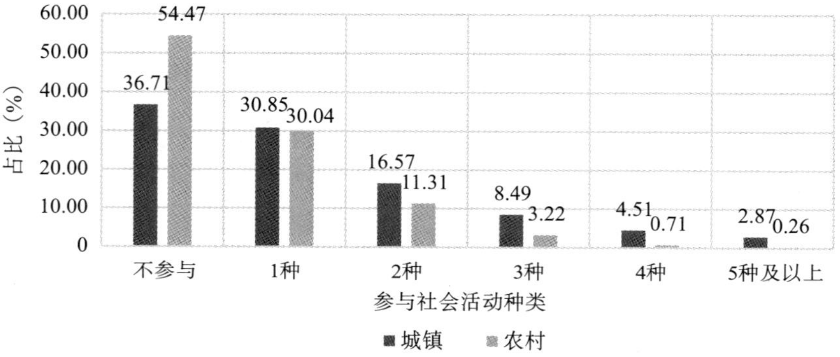

图 3 – 17　城镇、农村老年人参与社会活动比例分布

2. 政治参与

由表 3 – 4 可知，城镇老年人中有 19. 85% 为党员，农村老年人中党员比例为 9. 34% ，城镇老年人党员比例是农村老年人党员比例的 2 倍以上，城镇老年人政治参与情况高于农村老年人。由老年人社会活动参与状况与政治参与情况可知，城镇老年人社会资本总体高于农村老年人。

（六）转移性收入

由表 3 – 4 可知，老年人获得的转移性收入包括家庭中子女对老年人提供的金钱转移，也包括政府转移支付收入即社会保障收入，如领取退休金、养老金、养老卡、高龄老人补助等。

1. 子女经济支持

由表 3 – 4 可知，48. 95% 的城镇老年人从子女处获得金钱转移，65. 82% 的农村老年人从子女处获得金钱转移；城镇老年人获得子女转移收入的均值为 3618.27 元，农村老年人获得子女转移收入的均值为 3319.17 元。综上，城镇老年人获得子女转移支付的比例低于农村老年人，但获得子女转移的金额要大于农村老年人。城镇、农村老年人获得子女转移收入的分布如图 3－18 所示。

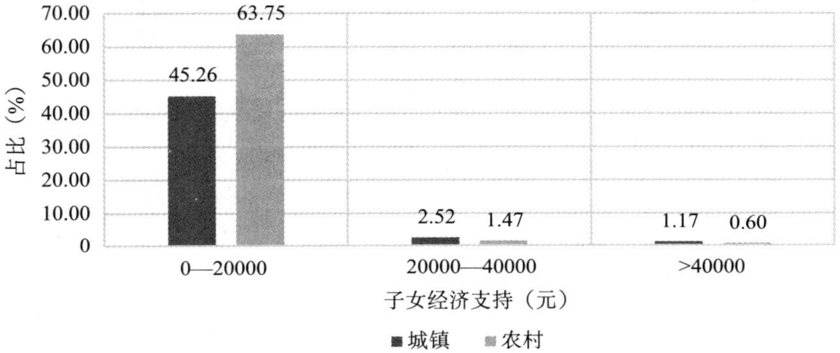

图 3－18　城镇、农村老年人获得子女转移收入的分布

由图 3－18 可知，45.26% 的城镇老年人获得子女的转移收入在 20000 元以内，63.75% 的农村老年人获得子女的转移收入在 20000 元以内；子女转移收入在 20000—40000 元的城镇老年人比例为 2.52%，农村老年人为 1.47%；子女转移收入在 40000 元以上的城镇老年人比例为 1.17%，农村老年人为 0.6%。综上可知，城镇、农村老年人获得子女转移收入的金额主要在 20000 元以内，子女转移收入在 20000 元以上的城镇老年人的比例高于农村老年人。

2. 政府转移支付

由表 3－4 可知，有 87.76% 的城镇老年人获得政府转移支付收入，有 78.79% 的农村老年人获得社会转移支付收入。城镇老年人获得政府转移支付收入的均值为 21706.16 元，农村老年人获得政府转移支付收入的均值为 3630.49 元，城镇老年人政府转移支付的覆盖比例与数额均高于农村老年人，城镇老年人的社会保障水平要优于农村老年人。城镇、农村老年人政府转移支付收入分布如图 3－19 所示。

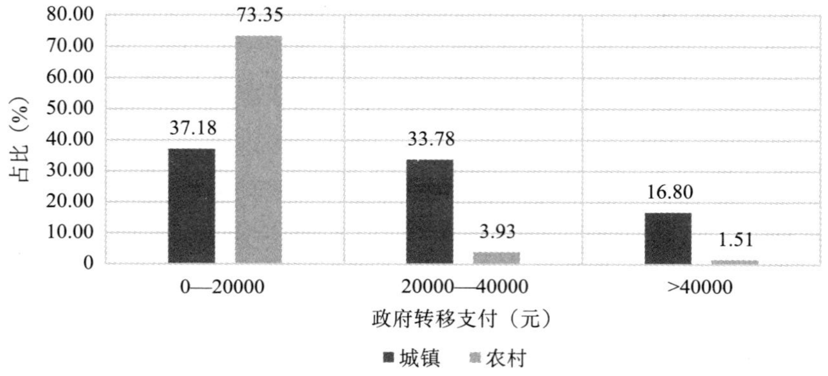

图 3－19　城镇、农村老年人政府转移支付收入分布

由图 3－19 可知，政府转移支付收入在 20000 元内的城镇老年人的比例为 37.18%，农村老年人的比例为 73.35%；政府转移支付收入在 20000—40000 元的城镇老年人的比例略微下降为 37.18%，农村老年人的比例下降最多为 73.35%；政府转移支付收入在 40000 元以上的城镇老年人的比例降低为 16.8%，农村老年人的比例降到 1.51%。由图 3－19 可知，农村老年人社会保障基本集中在低保障水平阶段，城镇老年人社会保障程度要优于农村老年人。

三、空巢和非空巢老年人生计资本现状对比

根据 CHARLS2018 问卷中子女的居住情况问题，将老年人划分为空巢老年人与非空巢老年人。将未与子女同住的老年人视为空巢老年人，将与子女同住的老年人视为非空巢老年人。老年人中，有 4269 位老年人未与子女同住，有 2073 位老年人与子女同住，空巢老年人占比较大为 67.31%。由表 3－5 可知空巢、非空巢老年人生计资本具有一定差异性。

表 3-5　　空巢、非空巢老龄人口生计现状

生计资本现状		空巢		非空巢	
		人数(个)	占比(%)	人数(个)	占比(%)
人力资本					
教育情况	文盲	1098	25.72	580	27.98
	小学	1921	45.00	916	44.19
	初中	719	16.84	355	17.12
	高中	328	7.68	150	7.24
	中专及以上	203	4.76	72	3.47
健康状况	很不好	323	7.57	139	6.71
	不好	1003	23.49	514	24.79
	一般	2027	47.48	970	46.79
	好	511	11.97	236	11.38
	很好	405	9.49	214	10.32
物质资本					
工资收入	未领工资	3744	87.70	1805	87.07
	领工资	525	12.30	268	12.93
农业收入	未从事农林生产	2498	58.51	1196	57.69
	农林生产	1711	40.08	877	42.31
	未养殖牲畜水产	3448	80.77	1674	80.75
	养殖牲畜、水产品	821	19.23	399	19.25
个体收入	未从事个体经营	4118	96.46	1897	91.51
	个体经营	151	3.54	176	8.49
自然资本					
是否有耕地、	无	2540	59.50	1255	60.54
牧场、水塘	有	1729	40.50	818	39.46
金融资本			0.00		
存款	无存款	2742	64.23	1436	69.27
	存款	1527	35.77	637	30.73
投资	无投资	4165	97.56	2040	98.41
	投资	104	2.44	33	1.59
社会资本					
参加社会活动种类	0种（不参与）	2061	48.28	1090	52.58

续表

生计资本现状		空巢		非空巢	
		人数(个)	占比(%)	人数(个)	占比(%)
	1 种	1321	30.94	598	28.85
	2 种	556	13.02	251	12.11
	3 种	209	4.90	85	4.10
	4 种	80	1.87	30	1.45
	5 种及以上	42	0.98	19	0.92
是否为党员	否	3709	86.88	1861	89.77
	是	560	13.12	212	10.23
转移性收入					
子女经济支持	无	1528	35.79	928	44.77
	有	2741	64.21	1145	55.23
政府转移支付	无	724	16.96	468	22.58
	有	3545	83.04	1605	77.42

数据来源：CHARLS2018。

（一）人力资本

1. 教育情况

空巢、非空巢老年人的平均受教育程度为小学至初中水平，空巢、非空巢各样本老年人受教育程度结构分布如图 3－20 所示。

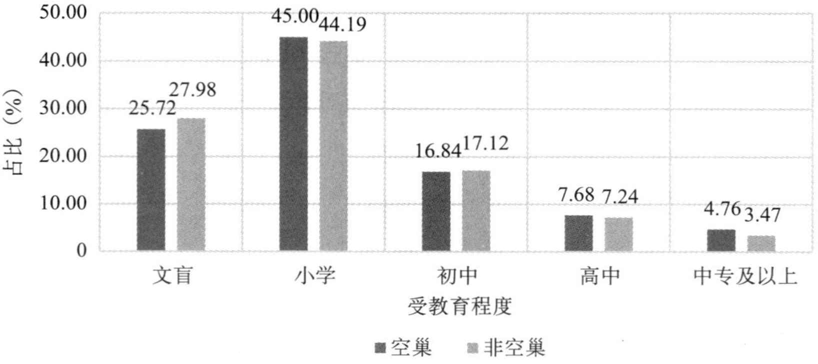

图 3－20　空巢、非空巢老年人受教育情况

由图 3－20 可知，空巢、非空巢老年人在受教育程度结构分布上差别较小。空巢老人、非空巢老人中受教育程度在小学阶段的占比最多，分别为 45%、44.19%。高学历老人中，空巢老年人占比略高于非空巢老年人。

2. 健康状况

空巢、非空巢各样本老年人健康状况如图 3－21 所示。由图 3－21 可知，近 5 成空巢老人与非空巢认为自身健康状况一般，健康状况各层级空巢老年人与非空巢老年人占比大致相当。

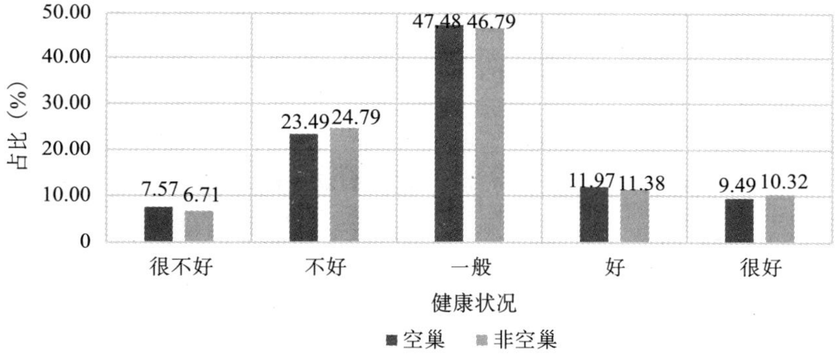

图 3－21　空巢、非空巢老年人健康情况

（二）物质资本

空巢、非空巢老年人的物质资本从工资收入、农业收入、个体收入三个方面进行考察。由表 3－5 可知，非空巢老年人获得工资收入、农业收入、个体收入的比例均高于空巢老年人，且非空巢老年人收入均值也高于空巢老年人。

1. 工资收入

由表 3－5 可知，空巢老年人获得工资收入的比例低于非空巢老年人，空巢老年人工资收入的均值为 2075.73 元，非空巢老年人工资收入的均值为 2371.20 元。图 3－22 为空巢、非空巢老年人工资收入结构分布。由图 3－22 可知，工资收入在 20000 元以内以及 40000 元以上的空巢老年人与非空巢老年人的比例差距微小，但工资收入在 20000—

40000 元的非空巢老年人的比例大于空巢老年人。

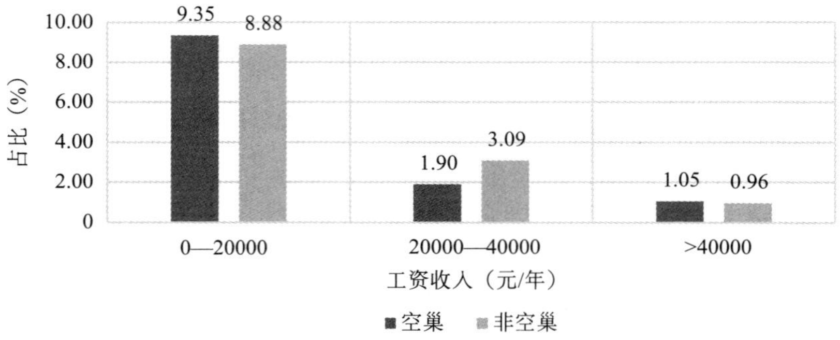

图 3－22　空巢、非空巢老年人工资收入结构分布

2. 农业收入

（1）生产农林产品收入

由表 3－5 可知，空巢老年人中有 40. 08% 的老年人获得农林产品生产收入，有 42. 31% 的非空巢老年人获得农林产品生产收入。空巢、非空巢老年人农林产品具体生产收入分布如图 3－23 所示。

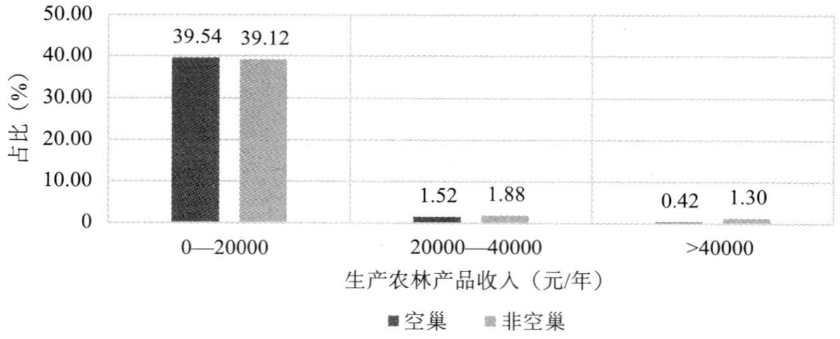

图 3－23　空巢、非空巢老年人农林产品生产收入

如图 3－23 所示，生产农林产品获得的收入在 20000 元以内，空巢老年人的比例略高于非空巢老年人的比例；生产农林产品获得的收入在 20000 元以上时，空巢老年人的比例逐渐低于非空巢老年人的比例。

（2）养殖牲畜、水产品

由表 3－5 可知，有 19. 23% 的空巢老年人通过养殖牲畜、水产品获得收入，有 19.25% 的非空巢老年人通过养殖牲畜、水产品获得收入，空巢、非空巢老年人养殖牲畜、水产品的具体收入分布如图 3-24 所示。

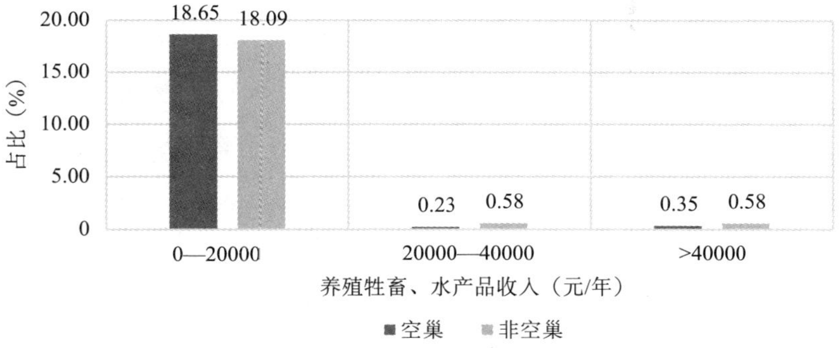

图 3-24 空巢、非空巢老年人养殖牲畜、水产品收入分布

由图 3-24 可知，养殖牲畜、水产品的收入在 20000 元以内的空巢老年人的比例为 18.65%，略高于非空巢老年人（18.09%），而养殖牲畜、水产品的收入在 20000 元以上的非空巢老年人的比例要高于空巢老年人。相比于空巢老年人，非空巢老年人会获得更高的养殖牲畜、水产品收入。

3. 个体收入

由表 3-5 可知，3.54% 的空巢老年人获得个体经营收入，8.49% 的非空巢老年人也通过个体经营获得收入。空巢、非空巢老年人获得的个体经营收入分布如图 3-25 所示。

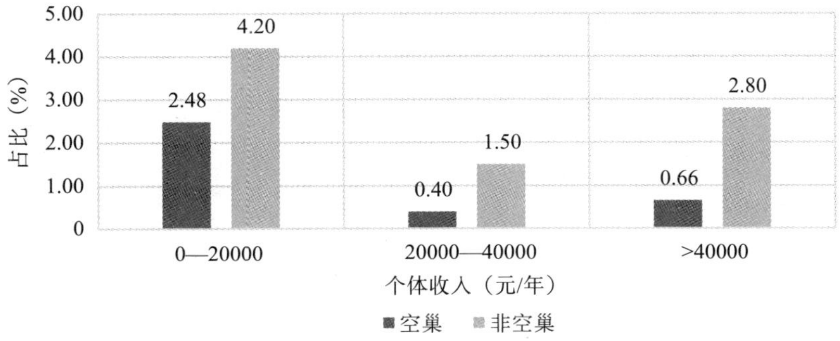

图 3-25 空巢、非空巢老年人个体经营收入分布

由图 3－25 可知，个体经营收入在 20000 元以内的空巢老年人比例为 2. 48%，非空巢老年人的比例为 4. 2%；个体经营收入在 20000—40000 元的空巢老年人比例降低为 0. 4%，非空巢老年人的比例降低为 1. 5%；而个体经营收入在 20000 元以上时，空巢老年人比例升高至 0. 66%，非空巢老年人的比例升高至 2. 8%；空巢、非空巢老年人个体经营收入呈现 U 形分布，且非空巢老年人参与个体经营以及获得的收入均高于空巢老年人。

（三）自然资本

由表 3－5 可知，空巢老年人中有 40. 5% 的老年人拥有耕地类的自然资本，有 39. 46% 的非空巢老年人拥有耕地类自然资本。空巢、非空巢老年人出租自然资本获得的收入分布如图 3－26 所示。

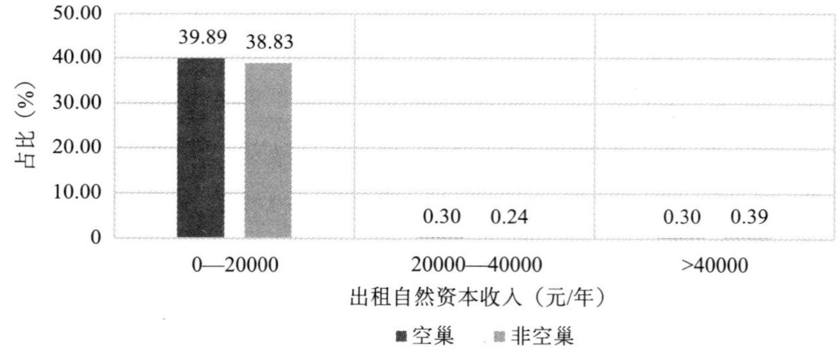

图 3－26　空巢、非空巢老年人出租自然资本收入

由图 3－26 可以看出，出租自然资本获得的收入在 40000 元以内的空巢老年人比例略微高于非空巢老年人，出租自然资本获得的收入在 40000 元以上的非空巢老年人比例略微高于空巢老年人。

（四）金融资本

1. 存款

由表 3－5 可知，35. 77% 的空巢老年人拥有存款，30. 73% 的非空巢老年人拥有存款。空巢老年人拥有存款的比例高于非空巢老年人。空巢、非空巢老年人拥有的存款具体分布比例如图 3－27 所示。

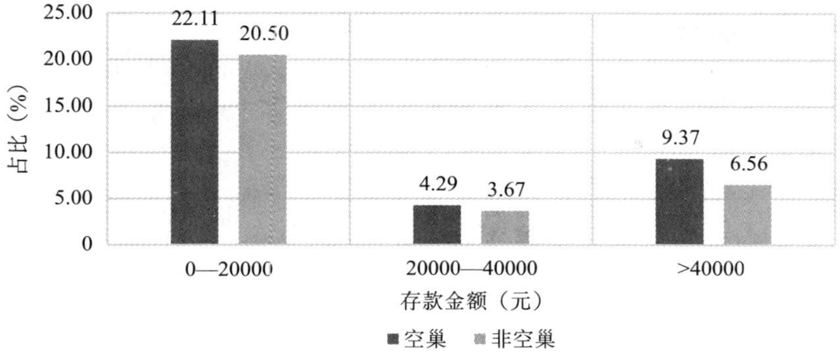

图 3－27　空巢、非空巢老年人存款数额及分布

由图 3－27 可知，拥有存款在 20000 元以内的空巢老年人的比例为 22.11%，非空巢老年人的比例为 20.5%；拥有存款在 20000—40000 元的空巢老年人的比例为 4.29%，非空巢老年人的比例为 3.67%；拥有存款在 40000 元以上的空巢老年人的比例上升为 9.37%，非空巢老年人的比例上升为 6.56%；空巢、非空巢老年人拥有存款的比例随存款数额的增大呈现 U 形分布，且空巢老年人拥有的存款的比例在各阶段均高于非空巢老年人。

2. 投资

由表 3－5 可知，2.44% 的空巢老年人获得投资收益，1.59% 的非空巢老年人获得投资收益，空巢老年人获得投资收益的比例要高于非空巢老年人。空巢、非空巢老年人获得投资收益的具体分布比例如图 3－28 所示。

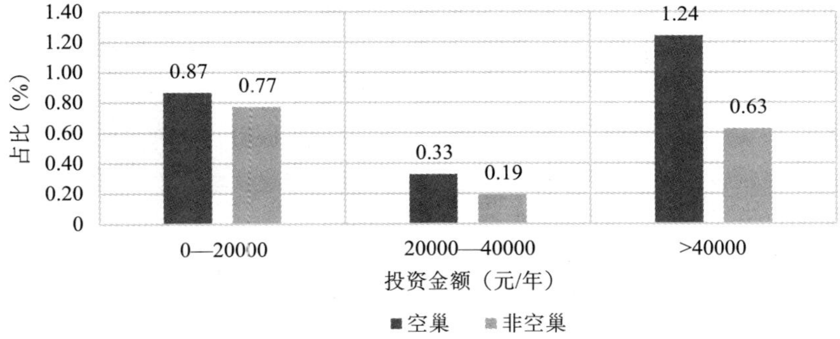

图 3－28　空巢、非空巢老年人投资收益分布

由图 3－28 可知，获得投资收益在 20000 元以内的空巢老年人的比例为 0.87%，非空巢老年人的比例为 0.77%；获得投资收益在 20000—40000 元的空巢老年人的比例降低为 0.33%，非空巢老年人的比例降至 0.19%；获得投资收益在 40000 元以上的空巢老年人的比例上升 1.24%，非空巢老年人的比例上升为 0.63%；空巢、非空巢老年人获得投资收益的比例随投资收益数额的增大呈现 U 形分布，且空巢老年人获得投资收益的比例在各阶段均高于非空巢老年人。

（五）社会资本

1. 参与社会活动种类

由表 3－5 可知，空巢老年人中未参与社会活动的比例为 48.28%，非空巢老年人中未参与社会活动的比例为 52.58%，图 3－29 展示了参与社会活动种类与空巢、非空巢老年人分布比例，参与社会活动的老年人中，30.94% 的空巢老年人参与 1 种社会活动，28.85% 的非空巢老年人也参与 1 种社会活动，随着参与社会活动种类的增多，空巢、非空巢老年人的比例均有所下降，但空巢老年人的比例始终高于非空巢老年人，相比于非空巢老年人，空巢老年人参与社会活动更为积极。

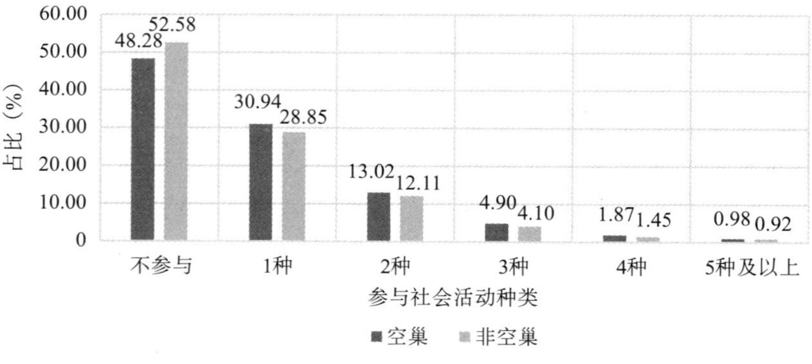

图 3－29 空巢、非空巢老年人社会活动参与情况

2. 政治参与

由表 3－5 可知，空巢老年人中有 13.12% 的老年人为党员，非空巢老年人中有 10.23% 的老年人为党员，相比于非空巢老年人，空巢老年人政治参与较为积极。根据空巢老年人、非空巢老年人社会活动参与情况以及政治参与情况可知，空巢老年人社会资本水平较高于非空巢老年人。

（六）转移性收入

1. 子女经济支持

由表 3－5 可知，64.21% 的空巢老年人获得子女经济支持，55.23% 的非空巢老年人获得子女经济支持，空巢老年人获得子女经济支持的比例高于非空巢老年人，具体转移数额分布如图 3－30 所示。由图 3－30 可知，子女经济支持在 20000 元以内的空巢老年人的比例为 61.09%，非空巢老年人的比例为 53.98%；子女经济支持在 20000—40000 元的空巢老年人的比例为 2.16%，非空巢老年人的比例为 0.92%；子女经济支持在 40000 元以上的空巢老年人的比例为 0.96%，非空巢老年人的比例为 0.34%；综上，老年人获得子女经济支持的数额主要在 20000 元以内，空巢老年人获得子女经济支持的比例高于非空巢老年人。

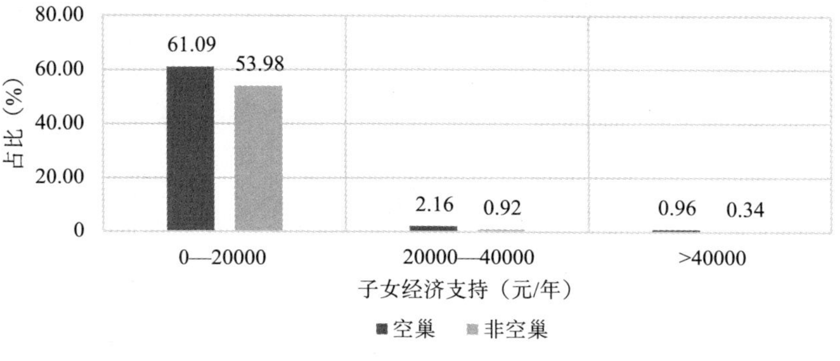

图 3－30　空巢、非空巢老年人子女经济支持分布

2. 政府转移支付收入

由表 3－5 可知，83.04% 的空巢老年人获得政府转移支付收入，77.42% 的非空巢老年人获得政府转移支付收入，空巢、非空巢老年人获得政府转移支付收入具体分布如图 3－31 所示。

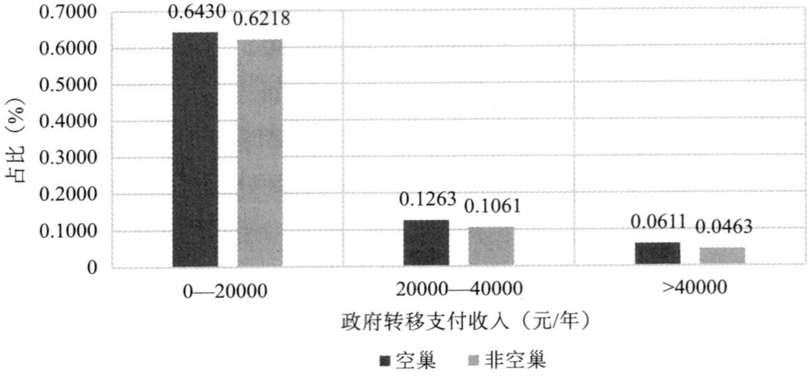

图 3－31　空巢、非空巢老年人政府转移收入分布

由图 3－31 可知，政府转移支付收入在 20000 元以内的空巢老年人比例为 64.3%，非空巢老年人的比例为 62.18%；政府转移支付收入在 20000—40000 元的空巢老年人比例为 12.63%，非空巢老年人的比例为 10.61%；政府转移支付收入在 40000 元以上的空巢老年人比例为 6.11%，非空巢老年人的比例为 4.63%；相比于非空巢老年人，空巢老年人获得政府转移支付收入的比例更高。空巢老年人获得转移性收入的比例高于非空巢老年人。

本章小结

我国自 2000 年进入老龄社会以来，老龄人口数量持续增长，人口年龄结构已经发生了巨大变化。近年来，我国生育率持续走低，预期寿命不断延长的共同作用下，老龄人口占比快速上升，老年抚养比显著提高。庞大的老龄人口已经成为我国社会经济发展的主要群体。从老龄人口所拥有的生计资本视角而言，随着年龄增长，老龄人口所拥有的生计资本水平在下降，转移性收入水平在提高，但总体生计水平仍不高。具体而言，人力资本和社会资本水平下降显著，物质资本、自然资本和金融资本在城乡老龄人口之间存在较大差异。总体而言，我国老龄人口生计资本总体匮乏，资本结构不平衡，表现出较强的脆弱性，可持续生计能力较差，抗风险能力有限。城乡老龄人口比较而言，农村老龄人口虽然生计资本种类多，但抵御风险以及疾病、灾害等重大事件冲击的能力十分有限，需要外部支持和干预；空巢和非空巢老龄人口相比较，其生计资本结构不同，空巢老人面临的健康风险和社会风险更突出。

第四章

我国老龄人口生计策略及面临的生计风险

基于上述现状分析，我们可以知道，我国老龄人口生计资本相对单一，尤其是城乡老年人和不同家庭结构的老年人生计资本存在较大差异。生计资本的差异性直接决定了其生计策略的不同。

生计策略是指人们如何使用现有生计资本，达到预期生计目标的安排。对老龄人口这个特殊群体而言，他们的人力资本水平在不断下降，自然资本数量有限且利用率在下降，生计策略单一化，面临的生计风险较为突出。根据老龄人口的特征，可以将老龄人口的主要收入来源作为其生计策略进行研究。

第一节　我国老龄人口生计策略概况

随着我国社会保障制度不断完善，养老保险制度覆盖率全面提升，参保率不断提高，老龄人口的收入来源也发生了显著变化。当前，按照我国老龄人口主要收入来源，其收入构成可分为保障性收入、经营性收入、转移性收入和资产性收入等。根据 2019 年《老年人生活质量发展报告》相关数据统计，我国老年人主要收入来自于保障性收入，比如养老保险金及退休金，占总收入的 63% 左右。从城乡差异角度而言，城市老年人的保障性收入较高，占到 73.4%，但在农村老年人收入构成中保障性收入则占到 51.2%，而经营性收入占比城市老年人高，农村老年人口的收入中分别有 21.0% 和 15.2% 来自自身打工收入和农业收入。

老龄人口的收入构成反映了老龄人口的生计策略，即有些老龄人口主要依靠保障性收入，包含养老金、低保金等；有些老龄人口则主要依靠经营性收入和转移性收入，即自己的劳动收入和家庭成员的供养，这在农村比较突出；在我国老龄人口中主要依靠资产性收入的老龄人口数量较少。

一、我国老龄人口生计策略现状

随着我国人口老龄化程度的日益加深，老龄人口的数量快速增加，老龄人口经济状况逐渐成为全社会广泛关注的问题。近年来，我国社会经济不断发展，社会保障制度不断完善，使老龄人口的经济状况有了很大改善，但是老年贫困现象和老龄人口因病返贫等现象仍然较为严重。中国家庭金融调查（CHFS）数据显示，我国老年人口贫困率由2014年的17.7%下降至2018年的14.5%。虽然，老年人口贫困率在持续下降，但是因为老龄人口的生计策略普遍较为单一而抗风险能力较差。

当前，根据我国老龄人口收入来源将老龄人口生计策略划分为：以保障性收入为主、以经营性收入为主、以转移性收入为主和以财产性收入为主四种。以保障性收入为主的老龄人口收入来源主要依靠养老金、退休金和低保收入等公共转移性收入为主；以经营性收入为主的老龄人口收入来源则主要依靠自己的劳动收入，包括务农、经商、打工等等；以转移性收入为主是指老龄人口的主要收入来源依靠家庭成员的供养，即家庭内部转移性收入；以财产性收入为主是指老龄人口的主要收入来源依靠金融性资产收入或者土地租赁、房屋出租收入等。

根据相关调查数据，我国老龄人口生计资本有限，生计策略相对单一，且呈现出较强的异质性，例如城乡老龄人口之间、空巢和非空巢老龄人口之间的生计资本和生计策略均有显著差异。

二、我国老龄人口生计策略特征

（一）我国老龄人口收入平稳增长，城乡差距仍显著

近些年，随着我国社会保障制度的不断完善，老龄人口收入水平平稳增长。根据中国城乡老年人生活状况调查数据显示，我国老龄人口年

平均收入从 2000 年的 4522 元，增加到 2014 年的 15776 元，增长了 3.49 倍。其中，城市老龄人口收入增长了 3.24 倍，而农村老龄人口收入则增长了 4.62 倍。虽然，城乡老龄人口收入差距在缩小，但差距仍然较为显著（如图 4－1 所示）。

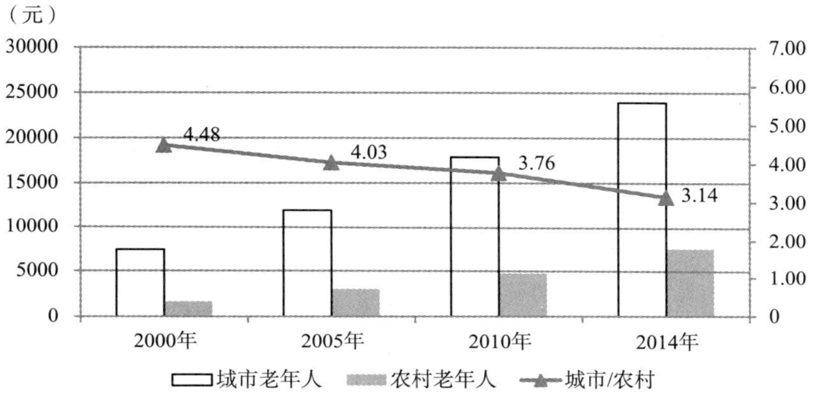

图 4－1　城乡老年人收入情况

另外，我国老龄人口收入水平与城乡居民收入之间存在较大差距。虽然同期城市居民可支配收入和农村居民人均纯收入之比也在缩小，但是老年人口收入差距始终大于城乡居民收入差距。而且，城市老年人和同期城市居民人均可支配收入比较也存在较大差距，以 2014 年为例，2014 年城市老年人收入只相当于同期城市居民人均可支配收入的 82.9%，仅相当于同期城市单位在岗职工平均工资的 41.7%。由此可见，老龄人口收入水平虽然在不断提高，但相比较而言仍较低，且城乡差距较大。

（二）我国老龄人口保障性收入占比在发生变化

如前所述，按照我国老龄人口主要收入来源，其收入构成可分为保障性收入、经营性收入、转移性收入和资产性收入等。根据中国城乡老年人生活状况调查数据，2014 年我国城市老龄人口收入中，保障性收入占比达到 79.4%，虽然比 2010 年的 88.9% 有所下降，但占比仍比较高。随着我国社会保障制度的不断完善和养老保险待遇水平的持续提高，我国城市老龄人口保障性收入占总收入的比重持续上升，近几年开始有所下降。据调查数据显示，城市老龄人口收入构成中，保障型收入占比从 2000 年的 77.5% 提高到 2005 年的 83.3%，到 2010 年达到最高点 88.9% 后开始下降到 2014 年的 79.4%。图 4－2 显示了 2014 年我国城市老龄人口收入构成情况。从图中可以看出，城市老龄人口收入结构相对单一，保障性收入占比较高，非保障性收入占比有待提高。这说明，我国城市老龄人口对保障性收入的依赖度较高，对老龄人口劳动参与行为具有一定的抑制作用，不利于开发利用老年人力资源，且持续增加养老金支付压力。

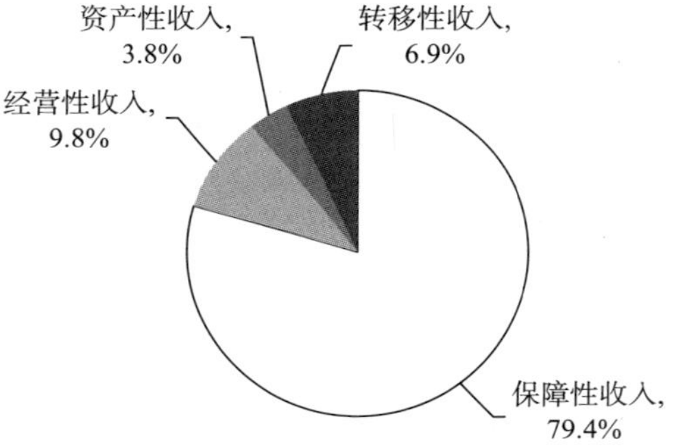

图 4－2　2014 年城市老龄人口收入来源情况

而农村社会保障事业发展相对滞后，养老保险待遇水平有限的背景下，农村老龄人口收入构成中，保障型收入并不高。2014 年，农村老龄人口收入构成中经营性收入占比最高，为 39%，近些年变化不大，一直是农村老龄人口最主要的收入来源；然后为保障性收入，为 36%，虽然比 2000 年时的 14.3% 有了大幅提高，但是仍然较低；转移性收入占 19%，资产性收入较少，只占 6%（如图 4－3 所示）。这说明，我国农村老龄人口收入结构相对于城市老龄人口而言更为多元化。

（三）我国老龄人口非保障性收入增长显著

非保障性收入包括经营性收入、转移性收入和资产性收入。其中，经营性收入主要指自身劳动收入，转移性收入是指家庭内部经济支持，

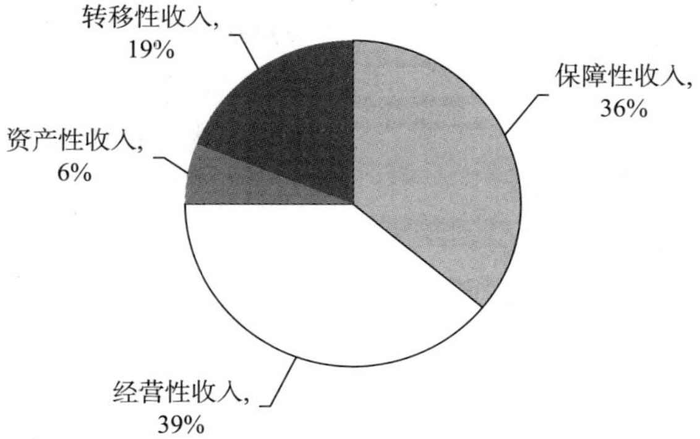

图 4-3　2014 年农村老龄人口收入来源情况

资产性收入包括金融资产和土地、房屋出售租赁收入等。

1. 我国老龄人口经营性收入占比有上升趋势

随着我国人口老龄化程度的提高，老年人力资源越来越丰富。老年人力资源作为一种重要的生产性资源，老年人继续参加工作，延长工作时间，具有重要的社会经济意义，它不仅可以缓解人口老龄化对劳动力市场带来的冲击，还可以减轻社会养老保险基金的支出压力。对于老年人个人而言，继续参加工作既可以促进老龄时期生活更加充实，还可以增加收入来源渠道，提高抗风险能力，避免陷入老年贫困。

近些年，相关政策的引导和鼓励下，我国老龄人口劳动参与率在不断提高。根据历年人口普查数据和抽样调查数据显示，我国老龄人口在业数量逐年增长，但在业率呈下降趋势。60 岁及以上老龄在业人口数量从 1990 年的 2768.5 万人提高到 2000 年的 4290.8 万人，再到 2010 年的 5372.6 万人，到 2015 年时已经达到 5957 万人，1990—2015 年的 25 年时间里增长了 3000 多万人。虽然，在业老龄人口总数量在显著增加，但是 60 岁及以上老龄人口的在业率却呈现下降趋势。从 1990 年的 29% 增加到 2000 年的 33%，到 2010 年下降到 30%，2015 年时降到 27%①。近年来老龄人口在业率下降的部分原因可能是因为日益完善的社会保障

① 党俊斌．中国城乡老年人生活状况调查报告 2018 ［M］．社会科学文献出版社，2018：195.

制度使老龄人口老年生活有了更好的保障，尤其是养老保险的覆盖面不断扩大，城市老龄人口的保障性收入成为其安度晚年的经济保障。另外，城市退休制度的作用，使部分老龄人口被迫退出劳动力市场，存在浪费老年人力资源的现象。

相对于城市老龄人口而言，农村老龄人口劳动参与率较高。其原因主要还是与农村社会保障制度发展相对滞后和保障水平较低有关。从前面的收入结构分析也可以看出，农村老龄人口的收入来源较为多元化，且经营性收入占比持续较高证实了农村老龄人口劳动参与率较高的现实。农村老龄人口劳动参与率较高虽然在一定程度上改善了农村老龄人口的收入来源，但不排除很多农村老龄人口处于被迫劳动的范畴，而且值得注意的是农村老龄人口陷入贫困的风险较高。

2. 我国老龄人口转移性收入仍然是重要收入来源

随着社会经济的不断发展和社会保障制度的持续完善，我国不再单纯地依靠家庭养老模式，出现了很多新型养老模式。但是，受到传统思想观念的影响以及城乡养老服务业发展不平衡的限制，中国传统的家庭代际赡养模式仍然起到非常关键的作用。尤其在城乡失能半失能老人的照护方面，家庭养老模式是最普遍的和最广泛的一种养老模式。因此，无论是从经济支持还是照护支持角度，家庭成员之间的互助共济是必不可少的。

从经济支持视角而言，在社会保障制度不完善的时期，子女的转移支付是老龄人口的最主要的经济保障。随着我国社会保障事业的快速发展，在城镇保障性收入已经取代子女的转移支付成为老龄人口最主要的收入来源，但在广大农村地区，家庭内部的经济支持仍然是老龄人口重要的收入来源之一，尤其是失去劳动能力的老龄人口而言，子女的经济支持更为重要。这样，老龄人口的生计在一定程度上取决于子代的经济能力而不仅增加家庭养老压力，还有可能导致贫困的代际传递。

第二节　我国老龄人口面临的生计风险及其原因分析

基于上述分析发现，我国老龄人口面临着生计策略相对单一，生计可持续性不高、生计风险较高等问题。

一、我国老龄人口面临的经济风险

在养老保障事业中，经济保障仍然是核心，也是老龄人口的最基本需求。随着我国养老金水平的持续提高，老龄人口的经济保障需求基本得到满足。到2020年，我国养老金水平实现十六连跳，覆盖1.2亿老龄人口。根据中国统计年鉴数据，2019年我国基本养老金支出达到52342.3亿元，其中城镇职工基本养老保险基金支出为49228.0亿元，离退休人数为12310.4万人；城乡居民基本养老保险基金支出为3114.3亿元，实际领取待遇人数为16031.9万人。虽然，养老保险制度为老龄人口提供了基本的经济保障，但是我国养老金水平城乡差异较为显著，农村老年贫困问题仍然存在。2018年我国老年贫困发生率为14.5%，虽然有所下降，但我国老龄人口规模较大，城乡之间和地区之间差异较大而老年贫困问题仍然较为严峻。

老龄人口容易陷入贫困的主要原因之一便是随着年龄的增加，其生计资本减少、生计策略单一而收入来源减少，而支出水平却相反，随着年龄增加，支出水平会持续增加。老龄人口的主要支出包括食品烟酒支出、医疗保健支出、居住支出、人情往来支出、代际支持支出等。根据中国城乡老年人生活状况调查数据，2014年我国城市老龄人口支出结构中，食品烟酒、医疗保健和居住支出占排在前三，占比分别为

38.64%、26.9%和14.69%[①]。另外，随着人口老龄化和家庭规模的缩减，代际间经济支持非常频繁，不仅体现为子代赡养父代，还有啃老现象，即父代对成年子代或孙子代提供经济支持的现象也很普遍。根据调查，我国有5.9%的老龄人口认为自己的子女或孙子女存在啃老行为，这一比例在城市高于农村。总而言之，老龄人口面临的经济风险表现为收入减少的风险和支出增加的风险。收入减少的风险主要来自于，自身人力资本水平下降而减少的劳动收入和所拥有的自然资本减少以及竞争能力下降而减少的经营性收入大于因拥有保障性收入和子代经济支持而增加的收入。支出增加的风险主要来自自身健康水平下降而增加的医疗保健支出。

二、我国老龄人口面临的健康风险

人随着年龄的增加，健康水平下降是必然的趋势。据《中国老龄事业发展报告》的调查数据显示，2013年我国失能老年人规模为3750万，预计到2050年时，我国将有1亿的失能老年人，并且老年人的失能率随着年龄上升，高龄老人中失能老人占比显著提高，60—69岁老年人中失能的比例占1.1%，70—79岁老年人中的占比为2.7%，80—89岁老年人中的占比提高到8.8%，90岁及以上的老人中失能的比例高达24.3%[②]。另外，我国有超过100万人至少患有一种慢性疾病，很多人患有多种慢性病。我国患有一种及以上慢性病的老年人比例较高，且这一比例随着年龄的增长显著提高，82.6%的80岁及以上高龄老人都患有慢性病，中低龄老年人患有慢性病的比例也普遍较高（如图4-4所示）。

---

① 党俊斌．中国城乡老年人生活状况调查报告2018［M］．社会科学文献出版社，2018：180.

② 吴玉韶．中国老龄事业发展报告2013［M］．社会科学文献出版社，2013.

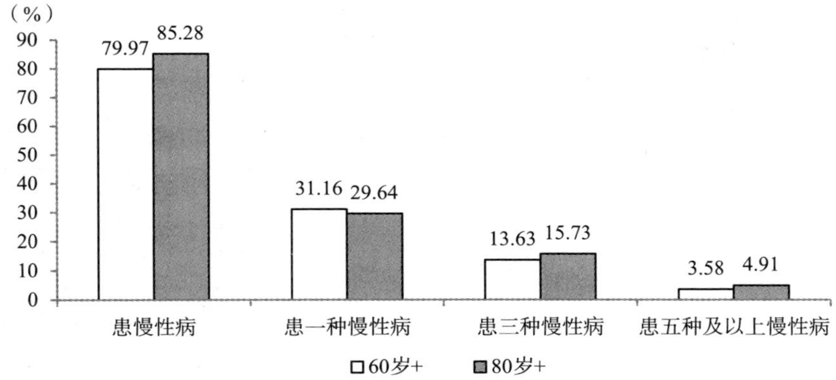

图 4-4　老年人慢性病患病比例

如此大规模的失能半失能老人和患有慢性疾病的老龄人口则有着巨大的照护需求。面对旺盛的照护需求，养老服务供给问题凸显出来，其中，“谁来提供养老服务”则成了关键。从已有研究结论来看，多数老年人比较倾向于由家人提供生活照料服务。虽说近年来我国社会养老服务业得到了迅速的发展，但现实中，生活照料服务更多地仍然由配偶或子女来承担，尤其在广大农村地区这种现象更为突出。在有人照料的失能老人中，91.9%的老年人主要由其配偶或子女照料，且在城乡之间存在显著差异，相对于城市失能老年人而言，农村失能老年人更依赖家庭提供生活照料，95%的农村失能老人主要由其配偶或子女提供照料（如表 4-1 所示）。可见，家庭成员的照料仍然是当前我国养老服务中的主要提供主体。这必然给家庭带来巨大的养老压力，很多老龄人口非常担心自己生病，甚至出现老龄人口自杀率较高的现象。根据香港大学的一项调查报告显示，2002—2011 年我国 70—74 岁的农村老人自杀率一直居高不下，2011 年达到每 10 万人 41.7 例，是世界平均水平的 4—5 倍，跃居世界第一位（Wang 等，2014）①。这些农村老人自杀的主要原因在于生存困难、疾病痛苦与情感寂寞。可见，老龄人口面临着巨大

① Wang, C, W, et al. Suicide rates in China from 2002 to 2011: an update [J]. Social Psychiatry & Psychiatric Epidemiology, 2014, 49 (6): 929-941 (13).

的健康风险，健康水平的下降直接影响老龄人口的生计，从而影响其生活质量。

表 4－1　城乡失能老年人照料提供主体构成　单位：%

照料主体	城乡	城市		农村	
		男	女	男	女
配偶	40. 4	59. 3	25. 3	55. 1	33. 2
子女（其中）	51. 5	30. 3	62. 8	38. 4	63. 3
儿子	28. 4	16. 9	30. 2	26. 8	35. 6
儿媳	11. 3	3. 3	13. 5	6. 9	17. 5
女儿	11. 5	9. 8	18. 8	4. 2	9. 9
女婿	0. 3	0. 3	0. 4	0. 5	0. 3
其他亲属	2. 7	2. 2	2. 2	5. 0	2. 2
医疗护理机构人员	0. 3	0. 6	0. 5	0. 0	0. 0
养老机构人员	1. 0	1. 3	1. 6	0. 7	0. 2
家政服务人员	3. 9	6. 2	7. 3	0. 6	0. 9
其他人	0. 2	0. 1	0. 3	0. 2	0. 3

资料来源：党俊武．中国城乡老年人生活状况调查报告 2018［M］．社会科学出版社，2018：159.

三、我国老龄人口面临的代际风险

我国老龄人口面临的代际风险有两方面：一是家庭内部的代际关系引起的；二是社会层面的代际关系引起的。首先，如上所述，随着年龄的增长和健康水平的下降，老龄人口对家庭成员的依赖程度大大提高，这种代际依赖包括经济支持、生活照料以及精神慰藉。如上所述，家庭承担着老龄人口更多的生活照料和精神慰藉需求的有效供给，从而也给家庭子代成员带来了较大的养老压力。因此，如何调节家庭内部资源配置，形成一个和谐的家庭代际关系，会直接影响老龄人口的生活质量，同时家庭内部的代际关系也是老龄人口面临的代际风险之一。

其次，我国当前实行的基本养老保险制度的社会统筹部分采用现收现付模式，即年轻一代缴费，老一代领取养老金，属于典型的代际赡养模式。因此，从我国养老保险制度的可持续发展角度而言，能否保证养老金收支平衡是关键。从我国基本养老保险基金收支情况来看，从2000—2019年，养老保险基金支出增长速度较快，支出增长率较高，对养老保险基金收支平衡带来较大压力（如图4－5所示）。可见，老龄化进程的加深，对于我国现行养老保险制度带来巨大的支付压力，年轻一代的养老负担不断加重。从我国老年抚养比数据也可以看出，我国代际赡养的压力在不断增加，1980年时约12位劳动年龄人口赡养一位65岁及以上老人，到2020年时约6位劳动年龄人口赡养一位65岁及以上老人，如果以60岁及以上老人计算，老年抚养比会更高（如图3－6和图3－7所示）。随着我国老龄人口数量的不断增加，代际间资源配置的竞争不断加大而对代际关系产生一定的冲击，因此代际关系引起的代际风险也是老龄人口面临的重要风险之一。

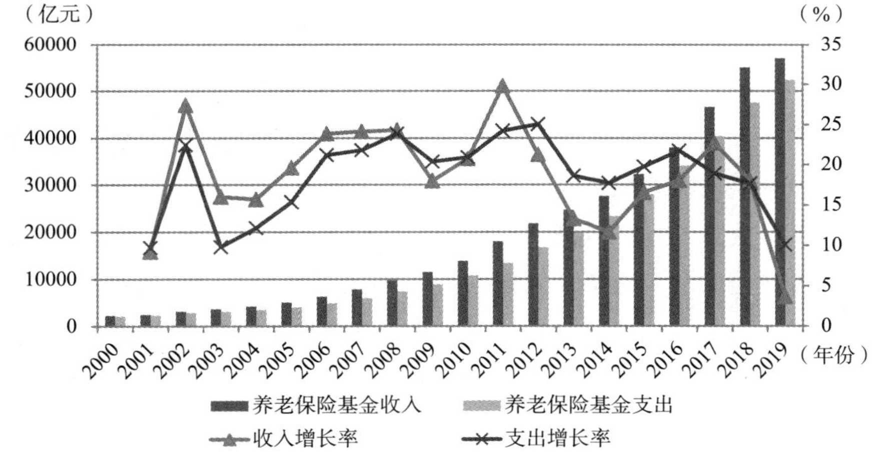

图4－5　我国养老保险基金收支情况

四、我国老龄人口面临的社会风险

随着年龄的增加，人们受到健康水平和经济条件的约束，社会参与度和人际交往能力会下降，从而面临一定的社会风险。主要表现在以下两个方面：第一，老龄人口面临数字鸿沟，影响其生活质量。老龄人口的学习能力有所下降，接受新鲜事物的能力退化，不能够较好地适应快速发展的社会，比如在当下信息技术快速发展，进入数字化时代，老龄人口面临数字鸿沟问题非常突出，尤其是网上办理就医服务、日常消费和出行等网上支付和健康码出示都成为老年人难以实现的障碍。第二，老年人社会参与度下降，孤独感较强。社会参与度是衡量老年人精神文化需求的重要指标。随着年龄的增长，老年人的社会参与度显著下降（如表 4－2 所示）。低龄老人参与社区活动的比例显著高于高龄老人，这是因为：一方面因身体健康和生活自理能力的下降导致其社会参与度下降，另一方面，从社会的认可度和平台的提供角度而言，更倾向于年轻型老年人。因社会参与度下降，老龄人口社交机会减少，感到孤独和抑郁的老龄人口比例也较高。尤其是行动不便的高龄老人和失能老人面临的一个较为突出的问题。2015 年的一项调查显示，近五分之一的失能老人经常感到孤独，近四分之一的失能老人认为自己是家庭的负担。在我国，老年人对家庭的渴望和对子女的情感依赖度都非常高的，随着我国空巢家庭比例的不断提高，老年人的情感交流需求和精神慰藉需求都难以得到满足。这种现象在受教育水平不同的老年人中的差异化表现非常显著，受教育水平较高的老年人能够较好地接受新鲜事物，能够更好地安排自己的老年生活，可以通过多种渠道填补自己精神文化需求，子女不是他们唯一的精神寄托；而受教育水平较低的老年人获得精神慰藉的途径相对单一，对子女及其家庭成员的依赖程度较高，从而容易感到孤独和失落。

表 4－2　　参与社区活动状况

年龄段	参与	不参与
60—70 岁	69.6%	30.4%
70—80 岁	61.3%	38.7%
80 岁以上	54.2%	45.8%

资料来源：党俊武．中国城乡老年人生活状况调查报告 2018［M］．社会科学出版社，2018：159.

本章小结

生计策略是指人们如何使用现有生计资本，达到预期生计目标的安排。基于老龄人口所拥有的生计资本，按照老龄人口的收入构成可将老龄人口的生计策略划分为：以保障性收入为主、以经营性收入为主、以转移性收入为主和以资产性收入为主四类。不同生计策略下，老龄人口面临的生计风险也不尽相同。总的来说，老龄人口面临的生计风险主要有：经济风险、健康风险、代际风险和社会风险。具体而言，随着年龄的增加，老龄人口生计资本减少、生计策略单一而收入来源减少，而支出水平却相反，随着年龄增加，支出水平会持续增加，容易陷入老年贫困；随着年龄增加，老龄人口失能半失能的风险和患有慢性病的概率不断增加，增加健康风险；与此同时，对于家庭内部和社会代际支持提出更高的要求，需要和谐的代际关系来满足养老的各种需求；随着社会经济的快速发展，技术水平不断提高，信息技术的广泛运用使得老龄人口面临着较大的数字鸿沟，对他们的社会参与带来了一定的障碍。

第五章

老龄人口生活满意度的影响因素分析
——基于生计资本视角

在我国人口老龄化进程日益严峻的背景下，老龄化人口数量快速增加，老龄人口已然成为社会广泛关注的对象。随着我国社会保障制度的不断完善，老龄人口的养老问题已经在很大程度上得到了制度保障。我国基本养老保险制度和基本医疗保险制度覆盖率达到100%，参保率达到95%以上，很好地为广大老龄人口提供了老龄时期经济保障和健康保障，尤其是养老金水平的不断提高，为解决老龄人口经济保障起到了非常大的促进作用。但是，在目前阶段，我国老龄人口的收入差距较大，老年贫困问题依然突出。一般来说，退出工作领域的老年人群体收入水平明显下降，加之收入来源较少，收入结构简单，在日常生活以及应对风险等方面的能力较弱，经济保障受到多方面的不利影响（姜向群，2012）[①]。当前，社会快速发展，数字经济时代的到来也使得老年人群在诸多领域行为受到约束，其利益受到了不同程度的损害。在我国老龄人口的寿命不断延长和家庭规模缩小的现实条件和城乡二元结构以及行业、地区发展不平衡的背景下，老龄群体内部差异越来越显著，城乡之间、空巢和非空巢老龄人口之间的生计资本差异较大，面临的生计风险不同，其应对策略也不尽相同，导致老龄人口收入差距出现了两极分化的局面。因此，基于老龄人口所拥有的生计资本，分城乡和空巢非空巢老龄人口分析其对自己老年生活的满意度，对于保障老龄群体中的弱势老龄人口生活以及制定和完善老龄政策具有重要的参考意义。

传统的效用理论以为，财富与幸福同方向变化，收入是决定幸福的重要因素。在特定的时点截面上，幸福感与收入水平存在着正向关系，这一点早已被很多文献所证实[②]。近些年来，关于幸福感或生活满意度的相关研究越来越多元化，除了财富或收入这个重要因素之外，将很多包括个体特征和外部环境在内的影响因素纳入研究范畴，比如年龄、婚

① 姜向群，郑研辉．中国老年人的主要生活来源及其经济保障问题分析［J］．人口学刊，2013（2）：42－48.

② Frey，B. S.，Stutzer，A. What can Economists Learn from Happiness Research?［J］. Journal of Economic Literature，2002（40）：402－435.

姻、教育、健康、家庭、地区等。Oswald, A. J. (1997) 认为，年龄与幸福感之间存在 U 形关系，年轻人和老年人的幸福感相对较高[①]。那么，老年人的幸福感或者生活满意度是否较中年人高呢？国内也有很多文献针对老龄人口幸福感或生活满意度问题进行了研究，主要集中在从性别、婚姻、健康状况等个体特征以及收入水平、居住模式、社会支持等角度出发分析老年人生活幸福感的影响因素，例如李建新（2007）[②]、亓寿伟等（2010）[③]、胡洪曙等（2012）[④]、沈可等（2013）[⑤]、胡宏伟等（2013）[⑥]、李越（2014）[⑦]、崔红志（2015）[⑧] 等。也有个别文献从生计视角对老龄人口幸福感或生活满意度进行了研究，比如张会萍等（2016）利用对宁夏银北地区 353 户老年人农户调研数据，以可持续生计理论为基础，分析了宁夏银北地区老年人土地流转现状、生计现状，在量化研究老年人生计资本基础上，利用 Logistic 模型分析了老年人生计策略选择，研究显示：老年人家庭土地流转比例较高，但是土地流转后减少了其生计资本；年龄和社会保障对老年人的生计策略选择有显著影响，完善的社会保障会提高生计可持续性；土地流转显著提高了老年

---

① Oswald, A. J. Happiness and Economic Performance [J]. Economic Journal, 1997 (445): 1815 - 1831.

② 李建新. 老年人口生活质量与社会支持的关系研究 [J]. 人口研究, 2007 (3): 50 - 60.

③ 亓寿伟, 周少甫. 收入、健康与医疗保险对老年人幸福感的影响 [J]. 公共管理学报, 2010 (1): 100 - 107.

④ 胡洪曙, 鲁元平. 收入不平等、健康与老年人主观幸福感——来自中国老龄化背景下的经验证据 [J]. 中国软科学, 2012 (11): 41 - 56.

⑤ 沈可, 程令国, 魏星. 居住模式如何影响老年人的幸福感? [J]. 世界经济文汇, 2013 (6): 89 - 100.

⑥ 胡宏伟, 高敏, 王剑雄. 老年人主观幸福感的影响因素与提升路径分析——基于对我国城乡老年人生活状况的调查 [J]. 江苏大学学报 (社会科学版), 2013 (4): 48 - 54.

⑦ 李越, 崔红志. 农村老人主观幸福感及其影响因素分析——基于山东、河南、陕西三省农户调查数据分析 [J]. 中国农村观察, 2014 (4): 18 - 28.

⑧ 崔红志. 农村老年人主观幸福感影响因素分析——基于全国 8 省 (区) 农户问卷调查数据 [J]. 中国农村经济, 2015 (4): 72 - 80.

人的生计结果，但伴随着老年人人力资本的逐年降低，生计风险逐年提高[①]。乐章等（2016）利用2013年中国综合社会调查（CGSS）数据分析了城乡老年人的生计资本对其生活幸福感的影响，研究发现：城镇老年人的生活幸福感要略高于农村老年人，不同类型的生计资本对城镇和农村老年人的生活幸福感产生的影响各有不同；人力资本、物质资本和社会资本对于城乡老年人的生活幸福感均有显著的正向影响，对于城镇老年人的影响更为突出；金融资本对城乡老年人的生活幸福感无显著影响；女性老年人、当前时期有配偶的老年人以及认为养老靠自己的老年人生活幸福感较高；儿女数量越多，老年人生活幸福感越强；与同龄人相比，老年人的社会经济地位越高，其生活幸福感越强[②]。

通过梳理已有文献发现，有少量研究已经证实生计资本对老龄人口生活满意度有较显著的影响，但是已有研究忽略了对于老龄人口而言，能够成为其主要收入来源之一的转移性收入，包括养老金等政府转移性收入和子女经济支持等家庭内部转移性收入。因此，本书将研究框架拓展到五项生计资本外加上转移性收入来研究老龄人口的生活满意度。另外，本书不仅考虑了城乡老龄人口之间的差异性，还考虑了空巢和非空巢老人之间的差异。

第一节　理论分析框架

英国国际发展部（DID）所建立的可持续生计分析框架将生计资本分为人力资本、自然资本、物质资本、金融资本以及社会资本五部分。

---

① 张会萍，胡小云，惠怀伟．地流转背景下老年人生计问题研究——基于宁夏银北地区的农户调查［J］．农业技术经济，2016（3）：56－67.

② 乐章，鲁志敏．生计资本视角下城乡老年人生活幸福感的比较——基于中国综合社会调查（2013）的实证分析［J］．湖北经济学院学报，2016（7）：61－67.

其中，人力资本包括教育情况与健康状况；物质资本通过受访老年人直接的收入来源来衡量，分为工资收入、农业生产收入、个体经营净赚收入；自然资本指受访老年人拥有的耕地、牧场、水塘等自然资源；金融资本通过是否有存款、是否进行投资衡量；社会资本是一种嵌入于个体社会网络中的社会资源，通过参与社会活动种类的多少与政治参与程度衡量老年人的社会资本。在以上生计资本框架基础上，考虑我国部分老年人深受“养儿防老”传统思想的影响，仍有部分老年人依靠子女的经济支持作为生计来源，因此，在五大生计资本的基础上，加入子女经济支持，即家庭内部转移性收入和政府转移支付（包括养老金、退休金及低保金等等）构成老年人转移性生计收入，共同探讨老年人生计资本对生活满意度的影响。

第二节　数据来源、变量选择和模型设定

一、数据来源

本节使用的数据来源于中国健康与养老追踪调查（China Health and Retirement Longitudinal Survey，CHARLS），该调查数据旨在收集一套代表中国45岁及以上中老年人家庭和个人的高质量微观数据。本节所引用的数据为2020年9月正式发布的CHARLS第四期数据，在基本信息问卷的基础上，合并了收入支出与资产、工作与退休、认知和抑郁等问卷，剔除相关数据的缺失值与奇异值，筛选年龄在60岁（包括60岁）以上老年人样本6342个，其中，男性老龄人口占比为50.77%，女性老龄人口占比为49.23%，城镇老龄人口占比为26.93%，农村老龄人口为73.07%，空巢老人占比为67.31%，非空巢老人占比为32.69%。

二、变量选择

（一）被解释变量

本节基于老年人生计资本视角分析对老龄人口生活满意度的影响，所选被解释变量为老龄人口的生活满意度，在CHARLS2018认知和抑郁问卷的满意度部分，老年人对生活的满意度分为极其满意、非常满意、比较满意、不太满意、一点也不满意5个层级，认为“极其满意、非常满意、比较满意”为对生活满意，赋值为1；认为“不太满意、一点也不满意”为对生活不满意，赋值为0。

（二）解释变量

将个体特征变量作为控制变量，具体包括性别、年龄、婚姻状况、子女数量。总样本为6342个，年龄最小的60岁，年龄最大的110岁，平均年龄为70.525岁。

表5－1为被解释变量与解释变量的定义与相应描述性统计，由表5－1可知，87.6%的老年人对生活持满意态度。人力资本中，教育情况与健康状况赋值后为连续变量；物质资本中对工资收入、农业生产收入、个体经营净赚收入取自然对数，缩小数据间的差异，保证后续实证结果稳定。40.2%的老年人拥有耕地、牧场或水塘这类自然资本；老年人金融资本显示，33.9%的老年人拥有存款，但仅有2.2%的老年人进行投资。老年人参加社会活动的种类平均为2种，12.2%的老年人为党员。

表5－1　　变量的定义和基本描述性统计

变量名称	变量含义及赋值	均值	标准差	最小值	最大值
被解释变量					
生活满意度	不满意＝0，满意＝1	0.876	0.329	0	1
解释变量					
人力资本					

续表

变量名称	变量含义及赋值	均值	标准差	最小值	最大值
教育情况	文盲 =1，未读完小学或私塾 =2，小学 =3，初中 =4，高中及以上 =5	2.186	1.045	1	5
健康状况	非常差 =1，差 =2，一般 =3，好 =4，非常好 =5	2.928	1.017	1	5
物质资本					
工资收入	连续变量取自然对数	1.138	3.047	0	12.429
农业生产收入	连续变量取自然对数	3.591	4.188	0	14.691
个体经营净赚收入	连续变量取自然对数	0.486	2.128	0	13.236
自然资本					
是否有耕地、牧场、水塘	没有 =0，有 =1	0.402	0.490	0	1
金融资本					
是否有存款	没有 =0，有 =1	0.339	0.473	0	1
是否有投资	没有 =0，有 =1	0.022	0.145	0	1
社会资本					
参与社会活动种类	不参加 =0，参加 1 种 =2，参加 2 种 =3，参加 3 种 =4，参加 4 种 =5，参加 5 种及以上 =6	1.814	1.042	1	6
是否为党员	否 =0，是 =1	0.122	0.327	0	1
转移性收入					
子女经济支持	连续变量取自然对数	4.800	3.943	0	12.848
政府转移支付收入	连续变量取自然对数	6.510	3.438	0	11.699
控制变量					
性别	男性 =0，女性 =1	0.508	0.500	0	1
年龄	连续变量	70.525	7.254	60	110
婚姻状态	无配偶 =0，有配偶 =1	0.700	0.458	0	1
子女数量	连续变量	0.022	0.237	0	5

数据来源：CHARLS2018。

三、模型设定

由于被解释变量 y（生活满意度）的预测值介于［0，1］之间，在给定 x（解释变量）的情况下，被解释变量 y 的两点分布概率为：

$$\begin{cases} P(y=1|x)=F(x,\beta) \\ P(y=0|x)=1-F(x,\beta) \end{cases} \qquad \text{公式 5.1}$$

公式 5.1 中，函数 $F(x,\beta)$ 是将被解释变量 y 与解释变量 x 连接起来的“连接函数”，由于被解释变量 y 的取值要么为 0，要么为 1，故被解释变量 y 服从两点分布。连接函数的选择具有灵活性，由于

$$E(y|x)=1\cdot P(y=|x)+0\cdot P(y=0|x)=P(y=1|x) \qquad \text{公式 5.2}$$

则 Logit 模型的累计分布函数表达式为

$$P(y=1\left|x\right.)=F(x,p)=\Lambda(x'\beta)\equiv\frac{\exp(x'\beta)}{1+\exp(x'p)} \qquad \text{公式 5.3}$$

第三节　实证分析结果

一、生计资本对总体老年人生活满意度的影响

表 5－2 中，模型 1－a 为总体老年人生计资本对生活满意度的 Logit 回归结果，模型 1－b 在模型 1－a 的基础上加入控制变量，两个模型中的所有变量均通过 Wald 检验，且整个方程所有系数（除常数项以外）的联合显著性很高，通过了显著性检验，模型准确预测的百分比在 85% 以上，说明模型拟合优度较好，模型设定合理。对比两个模型可以发现，加入控制变量前后生计资本变量的回归系数及显著度的变化较小，证明回归结果具有较好的稳健性。

表 5-2　　总体老年人生计资本 Logit 回归结果

生活满意度	总体			
	模型 1-a		模型 1-b	
	系数	优势比	系数	优势比
人力资本				
教育情况	0.199***	1.220***	0.159***	1.173***
	(0.048)	(0.056)	(0.050)	(0.058)
健康状况	0.586***	1.798***	0.586***	1.797***
	(0.046)	(0.078)	(0.046)	(0.078)
物质资本				
工资收入	-0.002	0.998	-0.006	0.994
	(0.015)	(0.015)	(0.015)	(0.015)
农业生产收入	0.026***	1.027***	0.020*	1.020*
	(0.010)	(0.011)	(0.010)	(0.011)
个体经营净赚收入	0.006	1.006	0.005	1.005
	(0.020)	(0.020)	(0.020)	(0.020)
自然资本				
是否有耕地、牧场、水塘	0.197**	1.218**	0.177*	1.193*
	(0.087)	(0.106)	(0.088)	(0.104)
金融资本				
是否有存款	0.422***	1.525***	0.397***	1.487***
	(0.098)	(0.149)	(0.098)	(0.146)
是否有投资	-0.320	0.726	-0.312	0.732
	(0.325)	(0.226)	(0.327)	(0.228)
社会资本				
参与社会活动种类	0.067	1.070	0.082*	1.085*
	(0.046)	(0.049)	(0.046)	(0.050)
是否为党员	0.308**	1.36**	0.229	1.258
	(0.153)	(0.211)	(0.157)	(0.199)
转移性收入				
子女经济支持	0.037***	1.037***	0.037***	1.038***
	(0.010)	(0.010)	(0.010)	(0.011)
政府转移支付收入	0.028**	1.029**	0.026**	1.026**
	(0.011)	(0.012)	(0.012)	(0.013)
控制变量				
性别			0.192**	1.212**
			(0.089)	(0.107)

续表

生活满意度	总体			
	模型 1 - a		模型 1 - b	
	系数	优势比	系数	优势比
年龄			0.006	1.006
			(0.006)	(0.006)
婚姻状态			0.244***	1.276***
			(0.090)	(0.115)
子女数量			-0.041	0.960
			(0.137)	(0.146)
_ cons	-0.810***	0.445***	-1.355***	0.258***
Number of obs	6342		6342	
Wald chi2	309.85		323.99	
LR chi2		356.76		371.65
Prob > chi2	0.000		0.000	
Pseudo R2	0.075		0.078	
Correctly classified	87.62%		87.61%	

注：***、**、* 分别代表在 1%、5%、10% 的水平上显著；结果保留至小数点后三位，表内显示为 0.000 的结果实际值并不为 0；括号内为稳健标准误。

（一）人力资本对老龄人口生活满意度的影响

人力资本显著正向影响老龄人口生活满意度。人力资本中，教育情况、健康状况显著正向影响总体老年人的生活满意度。老年人受教育水平每增加一单位，其生活满意的可能性是不满意可能性的 1.2 倍。老年人健康状况越良好，对生活越满意，老年人健康状况每变好一层级，其生活满意的可能性是不满意可能性的 1.8 倍。

（二）物质资本对老龄人口生活满意度的影响

物质资本中，农业生产收入显著正向影响老年人的生活满意度，农业生产收入每增加一单位，老年人生活满意是不满意的 1.02 倍。工资收入、个体经营收入对老年人生活满意度的影响不显著。

（三）自然资本对老龄人口生活满意度的影响

自然资本显著正向影响老龄人口生活满意度。拥有耕地、牧场、水塘这类自然资本的老年人对生活满意的可能性显著更大，相比于没有自然资本的老年人，有自然资本的老年人生活满意的可能性是没有自然资本的老年人的1.2倍。

（四）金融资本对老龄人口生活满意度的影响

金融资本显著正向影响老龄人口生活满意度。老年人的金融资本中，拥有存款会显著正向影响其生活满意度，相比于没有存款，有存款的老年人对生活满意的可能性是不满意的1.5倍，金融状况越好的老年人生活满意的可能性越大。是否投资对老年人生活满意度的影响不显著。

（五）社会资本对老龄人口生活满意度的影响

社会资本显著正向影响老龄人口生活满意度。在模型1－a中，老年人的政治参与情况显著影响其生活满意度，身为党员的老年人生活更加满意，政治参与意味着较高的社会地位以及较强的话语权，且党员身份可以使老人获得心理上的自豪感，因此身为党员的老年人生活满意度要高于非党员。加入控制变量的模型1－b中，老年人的政治参与情况不再显著，但老年人参与社会活动的种类显著正向影响其生活满意度，老年人参与社会活动的种类每增加一单位，其生活满意的可能性是不满意可能性的1.08倍。

（六）转移性收入对老龄人口生活满意度的影响

转移性收入显著正向影响老龄人口生活满意度。子女对老年人的经济支持显著正向影响老年人的生活满意度，子女对老年人的经济支持越多，老年人的生活保障程度越高，对生活的满意度也就越高。同样，老年人获得政府转移支付的金额越多，其生活保障水平得到提升，生活满意度也随之增高。

（七）个体特征对老龄人口生活满意度的影响

控制变量中，性别、婚姻状况显著正向影响老年人的生活满意度；相比于女性老年人，男性老年人对生活满意的可能性是女性老年人的1.2倍；有配偶的老年人相较于无配偶的老年人生活更加满意。年龄、子女数量对老年人生活满意度不具有显著影响。

二、生计资本对城镇、农村老年人生活满意度的影响

在对总体老年人生活满意度进行回归分析后，将总体老年人按照居住地类型划分为城镇老年人、农村老年人，分别进行 Logit 回归。由表 5－3 可知，模型 2－a、模型 3－a 分别为生计资本对城镇、农村老年人生活满意度的影响，模型 2－b 在模型 2－a 的基础上加入控制变量，模型 3－b 在模型 3－a 的基础上加入控制变量，有无控制变量时各变量系数与显著性变化较小，模型具有良好稳健性。模型 2 与模型 3 的变量均通过 Wald 检验，模型准确预测的百分比在 85% 以上，说明模型拟合优度较好，模型设定合理。

表 5－3　　城镇、农村老年人生计资本 Logit 回归结果

生活满意度	城镇				农村			
	模型 2－a		模型 2－b		模型 3－a		模型 3－b	
	系数	优势比	系数	优势比	系数	优势比	系数	优势比
人力资本								
教育情况	0.208**	1.231**	0.200**	1.221**	0.176***	1.193***	0.111*	1.117*
	(0.086)	(0.105)	(0.089)	(0.108)	(0.060)	(0.069)	(0.063)	(0.069)
健康状况	0.680***	1.975***	0.677***	1.967***	0.561***	1.752***	0.559***	1.750***
	(0.097)	(0.186)	(0.098)	(0.187)	(0.052)	(0.086)	(0.052)	(0.086)
物质资本								
工资收入	-0.008	0.993	-0.007	0.993	0.001	1.001	-0.003	0.997
	(0.030)	(0.029)	(0.031)	(0.030)	(0.017)	(0.018)	(0.018)	(0.018)
农业生产收入	0.022	1.022	0.018	1.018	0.030***	1.031***	0.025**	1.025**
	(0.044)	(0.045)	(0.044)	(0.045)	(0.011)	(0.011)	(0.011)	(0.012)
个体经营净赚收入	0.049	1.050	0.051	1.053	-0.015	0.986	-0.016	0.984
	(0.038)	(0.040)	(0.039)	(0.040)	(0.024)	(0.023)	(0.024)	(0.023)
自然资本								
是否有耕地、牧场、	0.497*	1.644*	0.494*	1.639*	0.200**	1.221**	0.184**	1.202**
水塘	(0.295)	(0.497)	(0.296)	(0.497)	(0.092)	(0.113)	(0.093)	(0.112)

续表

生活满意度	城镇				农村			
	模型 2 - a		模型 2 - b		模型 3 - a		模型 3 - b	
	系数	优势比	系数	优势比	系数	优势比	系数	优势比
金融资本								
是否有存款	0.595***	1.813***	0.571***	1.769***	0.367***	1.443***	0.339***	1.403***
	(0.188)	(0.345)	(0.190)	(0.340)	(0.113)	(0.163)	(0.114)	(0.160)
是否有投资	-0.760**	0.468**	-0.777**	0.460**	0.866	2.378	0.847	2.333
	(0.368)	(0.164)	(0.379)	(0.162)	(1.087)	(2.478)	(1.079)	(2.430)
社会资本								
参与社会活动种类	0.166*	1.181*	0.166*	1.181*	0.006	1.006	0.026	1.026
	(0.088)	(0.098)	(0.088)	(0.099)	(0.056)	(0.056)	(0.056)	(0.057)
是否为党员	0.323	1.381	0.317	1.373	0.282	1.326	0.181	1.198
	(0.259)	(0.363)	(0.265)	(0.377)	(0.191)	(0.256)	(0.195)	(0.235)
转移性收入								
子女经济支持	0.040*	1.041*	0.041*	1.041*	0.039***	1.040***	0.040***	1.041***
	(0.021)	(0.022)	(0.022)	(0.022)	(0.012)	(0.012)	(0.012)	(0.012)
政府转移支付收入	0.041*	1.042*	0.038	1.039	0.021	1.021	0.016	1.016
	(0.023)	(0.026)	(0.024)	(0.027)	(0.014)	(0.014)	(0.014)	(0.015)
控制变量								
性别			-0.080	0.923			0.288***	1.334***
			(0.192)	(0.176)			(0.102)	(0.135)
年龄			0.005	1.005			0.006	1.006
			(0.014)	(0.013)			(0.007)	(0.007)
婚姻状态			0.367*	1.443*			0.213**	1.238**
			(0.193)	(0.276)			(0.103)	(0.128)
子女数量			0.074	1.076			-0.049	0.952
			(0.300)	(0.399)			(0.152)	(0.161)
_cons	-1.381***	0.251***	-1.883*	0.152*	-0.604***	0.547***	-1.156**	0.315**
Number of obs	1708		1708		4634		4634	
Wald chi2	94.48		101.46		212.63		225.29	
LR chi2		116.95		120.64		241.55		256.69
Prob > chi2	0.000		0.000		0.000		0.000	
Pseudo R2	0.106		0.109		0.067		0.071	
Correctly classified	89.93%		89.99%		86.73%		86.71%	

注：***、**、*分别代表在1%、5%、10%的水平上显著；结果保留至小数点后三位，表内显示为0.000的结果实际值并不为0；括号内为稳健标准误。

（一）人力资本对老龄人口生活满意度的影响

人力资本显著正向影响城乡老年人生活满意度。人力资本中，教育情况、健康状况均显著正向影响城镇、农村老年人的生活满意度。受教育水平高均能促进城镇、农村老年人生活满意度的提高，受教育程度每增加一单位，老年人生活满意的可能性是不满意可能性的 1.2 倍。良好的健康状况也能促进城镇、农村老年人生活满意度的提高，健康状况每提升一层级，城镇老年人生活满意的可能性将增加 1 倍，农村老年人生活满意的可能性增加 0.8 倍。相比于农村老年人，人力资本对城镇老年人生活满意度的影响更大。

（二）物质资本对老龄人口生活满意度的影响

物质资本中农业生产收入显著正向影响农村老年人生活满意度，工资收入、个体经营收入对农村老年人生活满意度影响不显著，农业生产收入每增加一单位，农村老人的生活满意度增加 0.03 倍。物质资本对城镇老年人生活满意度不具有显著影响。

（三）自然资本对老龄人口生活满意度的影响

自然资本显著正向影响城乡老年人生活满意度。拥有耕地、牧场、水塘这类自然资本会显著正向影响城乡老年人生活满意度，其中，自然资本在 10% 水平显著正向影响城镇老年人生活满意度，自然资本在 5% 水平显著正向影响农村老年人生活满意度，相比于城镇老年人，自然资本对农村老年人的影响更加显著。

（四）金融资本对老龄人口生活满意度的影响

金融资本对城乡老年人生活满意度影响具有差异性。由表 5 – 3 可知，有存款在 1% 水平显著促进城乡老年人的生活满意度，在模型 2 – a、模型 2 – b 中，有存款的城镇老年人生活满意的可能性是无存款老年人的 1.8 倍，在模型 3 – a、模型 3 – b 中，有存款的农村老年人生活满意的可能性是无存款老年人的 1.4 倍，有无存款对城镇老年人生活满意度的影响大于对农村老年人生活满意度的影响。在模型 2 – a、模型 2 – b 中，投资在 5% 水平显著负向影响城镇老年人的生活满意度，投资常与风险并存，老年人抵御风险的能力相对较弱，投资带来的收益与损失会降低城镇老年人生活满意度。投资对农村老年人生活满意度的影响不显著。

（五）社会资本对老龄人口生活满意度的影响

社会资本对城乡老年人生活满意度影响具有差异性。由表 5－3 可知，参加社会活动变量仅在模型 2－a、模型 2－b 为 10% 水平显著，参加社会活动的种类越多，城镇老年人的生活满意度越高，社会交往会提高城镇老年人对生活的满意程度。政治参与对城镇老年人的生活满意度不具有显著影响。社会资本对农村老年人的影响不显著，由于农村基础设施相对落后，相应社会活动较少，对老年人的生活满意度影响较小。

（六）转移性收入对老龄人口生活满意度的影响

转移性收入对城乡老年人生活满意度影响具有差异性。由表 5－3 可知，子女的经济支持会显著提升老年人的生活满意度，在模型 2－a、模型 2－b 中，子女的经济支持在 10% 水平显著正向影响城镇老年人的生活满意度；在模型 3－a、模型 3－b 中，子女的经济支持在 1% 水平显著正向影响农村老年人的生活满意度；由此可知，子女的经济支持对农村老年人生活满意度的影响更加强烈，子女对老年人的经济支持越多，老年人对生活越满意。在模型 2－a 中，社会保障性收入在 10% 水平显著正向影响城镇老年人生活满意度，社会保障性收入对农村老年人的生活满意度不具有显著影响。相较于农村老年人，城镇老年人享受的社会保障水平较高，对生活满意度产生促进效应。

（七）个体特征对老龄人口生活满意度的影响

由表 5－3 可知，性别变量在模型 3－b 中显著正向影响农村老年人生活满意度，相比于女性老年人，农村男性老年人对生活更满意。婚姻状态对城乡老年人的生活满意度均产生显著正向影响，相比于无配偶的老年人，有配偶的老年人对生活更加满意。年龄与子女数量变量在模型 2、模型 3 中均未呈现显著性影响。

三、空巢、非空巢老年人生计资本对生活满意度的影响

由表5-3可知，生计资本对城乡老年人的生活满意度具有差异性影响，表5-4将总体老年人按照是否与子女同住划分为空巢、非空巢老年人，模型4-a、模型5-a分别为生计资本对空巢、非空巢老年人生活满意度的影响，模型4-b、模型5-b分别加入控制变量。由表5-4可知，添加控制变量后各变量的系数与显著性水平变化较小，说明各模型具有良好的稳健性。模型4与模型5的变量均通过Wald检验，模型准确预测的百分比在85%以上，证明模型拟合优度较好，模型设定合理。

表5-4 空巢、非空巢老年人生计资本Logit回归结果

生活满意度	空巢				非空巢			
	模型4-a		模型4-b		模型5-a		模型5-b	
	系数	优势比	系数	优势比	系数	优势比	系数	优势比
人力资本								
教育情况	0.195***	1.215***	0.159**	1.172**	0.210***	1.233***	0.159*	1.172*
	(0.060)	(0.069)	(0.063)	(0.071)	(0.080)	(0.100)	(0.084)	(0.101)
健康状况	0.588***	1.801***	0.591***	1.806***	0.586***	1.797***	0.583***	1.791***
	(0.056)	(0.095)	(0.056)	(0.096)	(0.082)	(0.136)	(0.082)	(0.136)
物质资本								
工资收入	0.005	1.005	0.004	1.004	-0.018	0.982	-0.026	0.975
	(0.019)	(0.019)	(0.020)	(0.019)	(0.025)	(0.024)	(0.025)	(0.024)
农业生产收入	0.022*	1.022*	0.014	1.014	0.032*	1.032*	0.027	1.028
	(0.013)	(0.013)	(0.013)	(0.014)	(0.017)	(0.018)	(0.017)	(0.018)
个体经营净赚收入	-0.030	0.970	-0.032	0.968	0.037	1.038	0.035	1.035
	(0.029)	(0.027)	(0.029)	(0.028)	(0.028)	(0.029)	(0.028)	(0.029)
自然资本								
是否有耕地、牧场、水塘	0.235**	1.265**	0.213*	1.237*	0.124	1.132	0.103	1.108
	(0.108)	(0.137)	(0.109)	(0.135)	(0.147)	(0.166)	(0.148)	(0.164)

续表

生活满意度	空巢				非空巢			
	模型 4 - a		模型 4 - b		模型 5 - a		模型 5 - b	
	系数	优势比	系数	优势比	系数	优势比	系数	优势比
金融资本								
是否有存款	0.429***	1.536***	0.406***	1.500***	0.449***	1.566***	0.422**	1.525**
	(0.117)	(0.180)	(0.118)	(0.177)	(0.175)	(0.275)	(0.176)	(0.270)
是否有投资	-0.526	0.591	-0.540	0.583	0.857	2.357	0.904	2.470
	(0.357)	(0.198)	(0.358)	(0.196)	(1.040)	(2.439)	(1.058)	(2.564)
社会资本								
参与社会活动种类	0.057	1.059	0.076	1.079	0.091	1.095	0.098	1.103
	(0.056)	(0.058)	(0.057)	(0.060)	(0.080)	(0.091)	(0.081)	(0.091)
是否为党员	0.432**	1.541**	0.330*	1.391*	0.052	1.053	0.002	1.002
	(0.190)	(0.296)	(0.193)	(0.273)	(0.261)	(0.278)	(0.271)	(0.270)
转移性收入								
子女经济支持	0.034***	1.035***	0.034***	1.035***	0.042**	1.043**	0.043**	1.044**
	(0.012)	(0.013)	(0.012)	(0.013)	(0.018)	(0.019)	(0.018)	(0.019)
政府转移支付收入	0.022	1.022	0.016	1.016	0.039**	1.039**	0.042**	1.043**
	(0.014)	(0.015)	(0.015)	(0.016)	(0.019)	(0.020)	(0.019)	(0.021)
控制变量								
性别			0.195*	1.215*			0.198	1.219
			(0.107)	(0.130)			(0.162)	(0.192)
年龄			0.011	1.011			-0.005	0.995
			(0.008)	(0.008)			(0.010)	(0.010)
婚姻状态			0.349***	1.418***			0.081	1.085
			(0.113)	(0.159)			(0.156)	(0.171)
子女数量			0.049	1.051			-0.204	0.816
			(0.197)	(0.218)			(0.224)	(0.210)
_ cons	-0.742***	0.476***	-1.746***	0.174***	-0.945***	0.389***	-0.588	0.555
Number of obs	4269		4269		2073		2073	
Wald chi2	212.14		226.58		111.14		115.04	
LR chi2		242.47		258.19		123.17		126.43
Prob > chi2	0.000		0.000		0.000		0.000	
Pseudo R2	0.077		0.082		0.077		0.079	
Correctly classified	87.87%		87.82%		87.07%		87.12%	

注：***、**、* 分别代表在 1%、5%、10% 的水平上显著；结果保留至小数点后三位，表内显示为 0.000 的结果实际值并不为 0；括号内为稳健标准误。

（一）人力资本对老龄人口生活满意度的影响

人力资本显著正向影响空巢、非空巢老年人生活满意度。由表 5－4 可知，教育情况对空巢、非空巢老年人的生活满意度均呈现显著正向影响，受教育程度越高，老年人生活满意度越高。且在模型 4－b 中，教育情况变量在 5% 水平显著影响空巢老年人生活满意度，在模型 5－b 中，教育情况变量在 10% 水平显著影响非空巢老年人生活满意度，相比于非空巢老年人，受教育程度对空巢老年人生活满意度的影响更强烈。健康状况在模型 4、模型 5 中均为 1% 水平强烈显著，健康状况越良好越能促进空巢、非空巢老年人满意生活。

（二）物质资本对老龄人口生活满意度的影响

物质资本对空巢、非空巢老年人生活满意度影响具有差异性。由表 5－4 可知，在模型 4－a、模型 5－a 中，农业生产收入在 10% 显著水平上正向影响空巢、非空巢老年人的生活满意度。

（三）自然资本对老龄人口生活满意度的影响

自然资本对空巢、非空巢老年人生活满意度影响具有差异性。拥有自然资本（耕地、牧场、水塘）显著提高空巢老年人的生活满意度，对非空巢老年人生活满意度的影响不显著。拥有自然资本会间接提高老年人生活保障程度，相比于非空巢老年人有来自子女直接的生活保障，拥有自然资本更能保障空巢老年人的生活，对空巢老年人生活满意度的影响更为显著。

（四）金融资本对老龄人口生活满意度的影响

金融资本显著正向影响空巢、非空巢老年人生活满意度。由表 5－4 可知，金融资本中是否拥有存款变量在模型 2 与模型 3 中均显著，说明拥有存款对空巢老年人、非空巢老年人的生活满意度都具有显著正向影响，相比于没有存款的老年人，有存款会增加老年人抵御生活风险的能力，提高对生活的保障程度，进而增强了老年人对生活的满意度。投资对空巢、非空巢老年人的生活满意度未产生显著影响。

（五）社会资本对老龄人口生活满意度的影响

社会资本对空巢、非空巢老年人生活满意度影响具有差异性。由表5-4可知，政治参与变量在模型4-a、模型4-b中显著正向影响空巢老年人生活满意度，党员身份会提高空巢老年人生活满意度，对非空巢老年人生活满意度影响不显著。参与社会活动对空巢、非空巢老年人影响均不显著，由此可见，社会资本对空巢老年人影响相对较大。

（六）转移性收入对老龄人口生活满意度的影响

转移性收入对空巢、非空巢老年人生活满意度影响具有差异性。由表5-4可知，在模型4-a、模型4-b中，子女经济支持变量在1%水平显著正向影响空巢老年人生活满意度，在模型5-a、模型5-b中，子女经济支持变量在5%水平显著正向影响非空巢老年人生活满意度，相比于非空巢老年人，子女的经济支持对空巢老年人生活满意度的影响更为强烈。政府转移支付收入在模型5-a、模型5-b中显著正向影响非空巢老年人生活满意度，社会保障性收入对非空巢老年人影响明显。

（七）个体特征对空巢、非空巢老年人生活满意度的影响

由表5-4可知，控制变量仅在模型4-b显著，性别、婚姻状态显著正向影响空巢老年人生活满意度，男性空巢老年人生活满意的可能性是女性空巢老年人生活满意可能性的1.2倍，有配偶的空巢老人生活满意的可能性是无配偶空巢老人生活满意可能性的1.4倍，即男性、有配偶的空巢老年人对生活更加满意。

本章小结

生计资本是老龄人口经济保障的核心要素，生计资本的多少直接影响老龄人口的生活质量。本章在前面分析基础上，基于五大生计资本加转移性收入的分析框架，利用CHARLS2018数据，考察了生计资本和转

移性收入对老龄人口生活满意度的影响。基于已有文献研究，在具体分析过程中以老龄人口生活满意度作为被解释变量，控制了个体特征变量后，分别找出代表人力资本、自然资本、物质资本、金融资本、社会资本和转移性收入的解释变量，来研究不同生计资本对老龄人口生活满意度的影响。根据实证研究结果，又将样本分为城市老龄人口和农村老龄人口、空巢老龄人口和非空巢老龄人口四个分样本进行对比分析，进一步剖析了生计资本对老龄人口生活满意度的影响。通过研究发现：人力资本无论在哪个样本中，都显著正向影响老龄人口生活满意度，即健康、受教育水平高的老龄人口生活满意度越高；物质资本中农业生产收入显著影响农村老龄人口的生活满意度，而工资性收入和经营性收入显示不显著，可能的原因是样本数量有限所导致的；自然资本也显著影响农村空巢老龄人口的生活满意度；金融资本中有存款会大大提高老龄人口生活满意度；社会资本对于城市老龄人口和空巢老龄人口具有显著正向影响；转移性收入正向影响老龄人口生活满意度，其中家庭内部的转移支付对空巢老人的影响更强，而社会保障性收入对非空巢老人的影响更显著；从个体特征而言，男性、有配偶的老龄人口生活满意度较高。

第六章

我国老龄人口劳动参与行为及其影响因素分析——基于家庭代际关系视角

我国自 2000 年进入老龄化社会以来，老龄人口占比持续增长，2000—2019 年，60 岁及以上老龄人口数量从 1.26 亿人增加到 2.54 亿人，老龄人口占总人口比重从 10.2% 上升 18.1%。据预测，未来老龄化程度将持续加深，对社会经济发展带来的冲击也将不断增强。随着我国人口老龄化程度的加深，劳动年龄人口占比开始下降，老年抚养比不断上升，对我国养老保障体系提出了更高的要求。如何化解和应对人口老龄化对社会经济发展带来的冲击是当前我国高度关注的问题之一。

我国老龄人口的收入构成可分为保障性收入、经营性收入、转移性收入和资产性收入等。根据 2019 年《老年人生活质量发展报告》相关数据统计，我国老年人主要收入来自于保障性收入，比如养老保险金及退休金，占总收入的 63% 左右。从城乡差异角度而言，城市老年人的保障性收入较高，占到 73.4%，但在农村老年人收入构成中保障性收入则占到 51.2%，而经营性收入占比城市老年人高，农村老年人口的收入中分别有 21.0% 和 15.2% 来自自身打工收入和农业收入。这说明，我国农村老龄人口的劳动参与率较高，其中不乏很多被迫劳动的老龄人口。根据积极老龄化理论，鼓励老龄人口积极参与社会各种活动，其中包括有偿和无偿的劳动行为。但是，在我国老龄人口的劳动参与行为受到多种因素的影响，例如退休年龄、健康状况、社会保障以及家庭代际关系。

近些年，随着人口老龄化对社会经济带来的影响逐渐突出，劳动力市场受到的冲击和老龄人口收入问题得到社会广泛关注。因此，很多文献围绕老年人劳动参与行为展开相关研究，主要有：一是分析老年人个体特征对其劳动参与行为的影响，例如 Schuring（2013）[①]、Coile（2016）[②]、

① Schuring M, Robroek S J, Otten F W, et al. The effect of ill health and socioeconomic status on labor force exit and re - employment: a prospective study with ten years follow - up in the Netherlands [J]. Scandinavian Journal of Work Environment & Health, 2013, 39 (2): 134 - 143.

② Coile C, Milligan K S, Wise D A. Health Capacity to work at older ages: Evidence from the US [J]. Nber Working Papers, 2016.

Oshio（2016）[①] 等；二是分析社会保障程度对老年人劳动参与行为的影响，例如 Queiroz（2016）[②]、Reddy（2016）[③] 等；三是分析代际支持对老年人劳动参与行为的影响，例如 Whelan（2012）[④]、Ho（2015）[⑤]、Fernando（2014）[⑥]、Yue（2016）[⑦]、Johan Nilsson（2019）[⑧] 等。不同于发达国家，中国老年人社会关系中最重要的维系机制则是家庭，家庭是影响老年人行为决策的重要因素之一，尤其是家庭代际关系将影响老年人的行为决策，包括劳动参与行为。于丽（2016）[⑨]、陈健（2017）[⑩] 等认为家庭人口越多的老年人，经济负担越重，老年人退休后更愿意通过参与劳动获取收入。张聪（2019）则认为家庭人口多的老年人，会得

---

① Oshio, Takashi, Usui, et al. Labor force participation of the elderly in Japan ［J］. Cis Discussion Paper, 2016.

② Queiroz B L, Ferreira M L A. The Evolution of the Elderly Labor Force Participation and Retirement in Brazil: 1980 – 2025 ［C］// Meeting of the Population Association of America. 2016.

③ Reddy A B. Labor Force Participation of Elderly in India ［C］// Population Association of America. 2014.

④ Whelan, S. Work or care? The labour market activity of grandparents in Australia. Paper presented at the Child Care, Work, and Family: Issues for Australian Policy, Canberra, 2012.

⑤ Ho C. Grandchild Care, Intergenerational Transfers, and Grandparents' Labor Supply ［J］. Working Papers, 2013: 1 – 26.

⑥ Fernandez F, Saldarriaga V. Do benefit recipients change their labor supply after receiving the cash transfer? Evidence from the Peruvian Juntos program ［J］. IZA Journal of Labor & Development, 2014, 3（1）: 1 – 30.

⑦ Y. Yue. Intergenerational Contracts and Female Labor Supply. 2016.

⑧ Johan, Nilsson, Robert, et al. Changes in the expression of worries, anxiety and Generalized anxiety disorder with increasing age: A population study of 70 – 85 year – olds. ［J］. International Journal of Geriatric Psychiatry, 2019, 34（2）: 249 – 257.

⑨ 于丽，马丽媛，尹训东，Belton Fleisher. 养老还是“啃老”？——基于中国城市老年人的再就业研究［J］. 劳动经济研究，2016，4（5）：24 – 54.

⑩ 陈健．健康对中老年人劳动供给时间的影响分析［D］. 天津财经大学，2017.

到更多经济支持反而可能降低其劳动参与[①]。蒋选（2017）[②]、申珊（2019）[③] 通过研究发现对于城市老年人来说，家庭人口数量对老年人劳动参与的影响非常微小。另外，中国老龄人口还承担着隔代照料的责任。宋健（2018）认为有60%的城镇老年人需要隔代照料孙子女，有25%的老年人继续参与劳动，并认为对整体城镇老年人而言，照料孙子女并不会对老年人劳动参与产生显著影响[④]。但封进（2019）认为，退休年龄制度不仅减少了老年劳动参与，而且延迟退休还会通过减少隔代照料供给而影响年轻一代劳动供给[⑤]。当然，影响老年人劳动参与行为的因素中家庭代际关系是非常重要的因素，也有文献对此进行了研究。例如叶晗（2015）认为对子代的经济支持会显著提高城镇老年人劳动参与的可能，相反对子代的时间支持则会显著降低老年人劳动参与发生的概率[⑥]。吴敏（2016）[⑦] 和彭青云（2017）[⑧] 则认为非同住子女、孙子女对父代的代际经济支持会显著降低老年人劳动参与意愿与行为。李梦竹（2018）认为我国农村家庭代际关系属于“利他型”的代际关系，子代对父代的经济支持会挤出父代参与自家农业劳动的行为，但对父代

① 张聪，武继磊．健康对我国中老年人劳动参与时间的影响［A］．北京大学研究生院．第四届北京大学老龄健康博士生论坛论文集［C］．北京大学研究生院：武汉万城云文化传媒有限公司，2019：17－29.

② 蒋选，郝磊．基于Tobit模型的中老年劳动供给影响因素分析［J］．财经理论研究，2017（2）：31－39.

③ 申珊．养老金收入对农村老年人劳动供给决策的影响研究［J］．市场周刊，2019（1）：188－190.

④ 宋健，王记文，秦婷婷．孙子女照料与老年人就业的关系研究［J］．人口与经济，2018（3）：92－103.

⑤ 封进．人口老龄化、社会保障及对劳动力市场的影响［J］．中国经济问题，2019（9）：15－33.

⑥ 叶晗．代际支持对城镇中老年人口劳动参与行为的影响研究［D］．浙江大学，2015.

⑦ 吴敏．农村老年人劳动参与意愿的经济因素分析［J］．人口与发展，2016，22（2）：56－63，55.

⑧ 彭青云．老年人长期照料方式选择偏好的影响因素研究——基于中国老年社会追踪调查（CLASS）数据［J］．老龄科学研究，2017，5（7）：54－63.

参与非农劳动并无影响；相反，父代对子代的经济支持则会促进老年人参与各种生产劳动①。舒洋（2020）认为子代对父代向上的代际经济支持并没有起到前人研究中的促进老年人减少劳动参与的作用，父代对子代向下的代际支持却显著增加老年人各种类型的劳动参与②。

综上，老年人的劳动参与行为并不是独立发生的，是与家庭内部代际关系有紧密联系的。然而现有研究存在如下几个问题：（1）大部分学者仅从家庭代际关系的某一角度如家庭成员结构、家庭代际支持分析对老年人劳动参与行为的影响，很少考虑完整的家庭代际关系对老年人劳动参与行为的影响，没有将家庭代际关系与老年人劳动参与行为有机结合。（2）现有研究关于家庭代际关系多以代际团结理论为基础，忽略了家庭代际冲突的存在。（3）多数研究仅单一研究老年人总体劳动参与情况，很少将劳动分为农业劳动、非农劳动进行对比研究，研究结果忽视了不同劳动类型的异质性。

第一节　理论分析框架

不同于劳动年龄群体，老年人劳动参与行为决策不仅取决于个体健康、收入、养老金等因素，还受到家庭代际关系的影响。1976 年 Bengtson 等人提出了代际团结理论。该理论认为代际关系是一个多层面、多维度的概念，主要包含六个不同的亲子互动维度：结构性团结（Structural solidarity）、联系性团结（Association solidarity）、情感性团结（Affectual solidarity）、规范性团结（Normative solidarity）、共识性团结

① 李梦竹．代际经济支持对农村老年人劳动参与的影响——基于 CHARLS2013 的实证研究［J］．调研世界，2018（4）：26－31.

② 舒洋．中国老年人口劳动参与的影响因素研究［D］．华东师范大学，2020.

(Consensual soldarity) 和功能性团结 (Functional solidarity)[①]。Bengtson 及其他国外学者在 1999 年针对代际团结理论做了修正，提出了“代际冲突理论”。之后，多位学位对此问题进行了研究，例如 Silverstein and Bengtson (1997)[②]、Gaalen and Dykstra (2006)[③] 等。

基于已有文献，本章参考 Silverstein and Bengtson (1997)、Gaalen and Dykstra (2006) 的研究，将家庭代际关系提炼成三个元维度：机会结构性 (opportunity structure) 关系、亲密性 (affinity) 关系、功能性交换 (functional exchange) 关系。机会结构性关系体现为子代和亲代的居住安排和日常联系，亲密性关系体现为亲近和认同，功能性交换体现为相互帮助等工具性支持 。根据 CHARLS2018 数据库问卷设置的特点，结合本土文化语境，本章将家庭代际关系分为结构性关系、亲密性关系与功能性关系。结构性关系借鉴熊波等 (2016)[④] 的研究，以是否与子女共同居住和代际双方居住距离来表示；亲密性关系则借鉴崔烨和靳小怡 (2016)[⑤]、郑晓冬等 (2017)[⑥] 的研究，用代际见面频率和代际通信频率表征；功能性关系借鉴黄庆波等 (2017)[⑦] 的研究将其分为代际金

---

① Bengtson V L, Olander E B, Haddad A A. The “Generation Gap” and Aging Family Members: Toward a Conceptual Model. //Jaber F Gubrium (ed.). Time, Roles, and Self in Old Age. New York: Human Sciences Press, 1976: 237 - 263.

② Silverstein M, Bengtson V L. Intergenerational Solidarity and the Structure of Adult Child - Parent Relationships in American Families [J]. American Journal of Sociology, 1997, 103 (2): 429 - 460.

③ Gaalen RIV, Dykstra P A. Solidarity and Conflict between Adult Children and Parents: A Latent Class Analysis [J]. Journal of Marriage and Family, 2006, 68 (4): 947 - 960.

④ 熊波、石人炳．中国家庭代际关系对代际支持的影响机制——基于老年父母视角的考察 [J]. 人口学刊，2016，38 (5)：102 - 111.

⑤ 崔烨，靳小怡．家庭代际关系对农村随迁父母心理福利的影响探析 [J]. 中国农村经济，2016 (6)：15 - 29.

⑥ 郑晓冬，方向明．劳动力转移如何影响农村老年人健康——基于路径分析方法的检验 [J]. 中国农业大学学报，2017，22 (8)：188 - 198.

⑦ 黄庆波，杜鹏，陈功．成年子女与老年父母间代际关系的类型 [J]. 人口学刊，2017，39 (4)：102 - 112.

钱、物质支持与隔代照料孙子女的时间来表示。除此之外，本章借鉴国外代际团结—冲突理论的思想，用受访老年人对代际关系的满意程度侧面衡量家庭代际冲突存在的可能性。

第二节 数据来源、变量选择和模型设定

一、数据来源

本章所引用的数据为 2020 年 9 月正式发布的 CHARLS（中国健康与养老追踪调查）第四期数据，在 CHARLS2018 基本信息问卷的基础上，合并了家庭信息问卷、家庭经济交往问卷、健康状况与功能问卷、医疗保健与保险问卷、工作和退休问卷、养老金问卷，剔除相关数据的缺失值与奇异值，筛选年龄在 60 岁（包括 60 岁）以上老年人样本 6627 个，其中男性老年人占 50.05%，女性老年人占 49.95%，城镇老年人占 18.67%，农村老年人相对较多，占比达到 81.33%。

二、变量选择

（一）被解释变量

本章将老年人是否参与劳动作为被解释变量，未参与劳动赋值为 0，参与劳动则赋值为 1。根据 CHARLS2018 工作与退休问卷中工作概况部分的问题，通过以下几个问题测量老年人是否参与劳动且参与的劳动是农业劳动还是非农业劳动：（1）“过去一年，您有没有为自家干过农活、从事农业活动，并且至少 10 天以上？”（2）“过去一年，您有没有为其他农户或雇主干农活挣钱，并且至少 10 天以上？”（3）“除去与

务农有关的工作，上周您有没有工作至少一个小时?”对于上周没干过（或干足一个小时），在调查期间正处在临时放假、休病假或其他假期中，或者正在在职培训中但能确定在6个月之内返回到工作岗位的老年人视作正常参与劳动。总样本中，有51.50%的老年人有上述定义的劳动参与行为，参与农业劳动的老年人占比达到43.67%，参与非农劳动的老年人占比13.84%。

（二）控制变量

控制变量包括个体与社会特征变量，个体特征变量包括性别、年龄、居住地类型、受教育程度、婚姻状况、自觉健康状况、老年无法工作时的生活来源。社会层面的解释变量主要控制了是否参加养老保险和是否参加医疗保险，其中养老保险包括城镇职工养老保险、城乡居民养老保险，医疗保险包括城镇职工医疗保险、城乡居民医疗保险等。

（三）解释变量

本章解释变量为家庭代际团结关系的三个维度与可能存在的代际冲突。家庭代际团结关系作为主要解释变量涵盖了三个维度，是否与子女居住、代际居住距离构成代际结构性关系；用受访者与子女的见面频率和通讯频率表征家庭代际亲密性关系。CHARLS数据在家庭经济帮助部分指出，家庭之间会有多种形式的互相帮助，而每一种形式的帮助都很重要，在这一部分家庭之间提供的帮助有金钱帮助、物质帮助、照料帮助，共同构成家庭代际关系中的功能性关系，将这部分数据进行对数化处理，缩小个体间的差异、保证数据的平稳。对于家庭代际关系可能存在的冲突，用CHARLS认知和抑郁问卷中对代际关系的满意程度来衡量，对子女关系的满意度从一点也不满意、不太满意、满意、比较满意、非常满意五个方面依次赋值1—5。

各解释变量相关描述性统计如表6-1所示。样本中有36.4%的老年人与子女同住，代际见面频率与代际通信频率的均值较为接近。子女对父母的金钱支持与物质支持的均值大于父母对子女的金钱、物质支持。老年人对代际关系的满意程度普遍较为满意，家庭代际冲突存在的可能性较低。除此之外，本章所选数据的性别比例大致均衡，老年人的年龄均值为 70 岁，城镇老年人口占比较低，仅占总样本的 18.7%；70.3% 的老年人有配偶，老年人养老保险与医疗保险的参与率分别为 86.8%、94.3%。

表 6－1　　　　变量基本描述性统计

变量	均值	标准差	最小值	最大值
控制变量				
性别（男＝1）	0.501	0.500	0	1
年龄	70.510	7.215	60	110
居住地类型（城镇＝1）	0.187	0.390	0	1
教育程度（1—5 赋值）	2.634	1.343	1	5
婚姻状况（有配偶＝1）	0.703	0.457	0	1
健康自评状况（1—5 赋值）	2.928	1.016	1	5
无法劳动时的生活来源（1—5 赋值）	1.993	1.222	1	5
是否参与养老保险（是＝1）	0.868	0.338	0	1
是否参与医疗保险（是＝1）	0.943	0.232	0	1
代际结构性关系				
是否与子女同住（是＝1）	0.364	0.481	0	1
代际居住距离（1—3 赋值）	1.478	0.519	1	3
代际亲密性关系				
代际见面频率（经常＝1）	0.690	0.462	0	1
代际通信频率（经常＝1）	0.672	0.470	0	1
代际功能性关系				
代际向上金钱支持（log）	4.914	3.924	0	12.848
代际向上物质支持（log）	5.050	3.287	0	12.206
代际向下金钱支持（log）	2.118	3.496	0	13.819
代际向下物质支持（log）	1.290	2.617	0	11.513
受访老年人照料孙子女时间（log）	2.639	3.576	0	9.075
受访老年人配偶照料孙子女时间（log）	1.948	3.292	0	9.075
代际冲突可能性				
代际关系满意度（1—5 赋值）	3.554	0.755	1	5

注：受教育程度从文盲、未读完小学或私塾、小学、初中、高中及以上从 1—5 依次赋值；健康自评状况按照非常差、差、一般、好、非常好依次赋值为 1—5；对于年老无法劳动时的生活来源，按照依靠子女、储蓄、养老金或退休金、商业养老保险、其他从 1—5 依次赋值；代际居住距离赋值 1—3 依次代表临近、较远、非常远；

数据来源：根据 CHARLS2018 数据整理所得。

三、模型设定

本章利用 STATA16.0 采用 Probit 模型分析家庭代际结构性关系、代际亲密性关系、代际功能性关系、代际冲突对老年人劳动参与行为的影响。首先逐步增加家庭代际关系各维度变量构建模型 1，分析家庭代际关系对老年人总体劳动参与行为的影响；其次进一步将老年人参与的劳动细分为农业劳动和非农劳动，遵循模型 1 的理念逐级加入家庭代际关系变量分别构建模型 2 和模型 3，对比分析变量变化的差异，得到相应结论。

第三节　实证分析结果

一、代际关系对老年人劳动参与行为影响分析

模型 1－a、模型 1－b、模型 1－c、模型 1－d 依次为加入家庭代际结构性关系、家庭代际亲密性关系、家庭代际功能性关系、家庭代际冲突可能性相关变量后的 Probit 回归结果（如表 6－2 所示）。四个模型的似然比检验统计量（LR）对应的 P 值为 0.000，准 R^2 的值在 0.18 左右，整个方程所有系数（除常数项以外）的联合显著性很高，均通过了显著性检验。

（一）家庭代际团结维度一：代际结构性关系

由模型 1－a、模型 1－b、模型 1－c、模型 1－d 可知，家庭代际结构性关系中，与子女同住这一变量始终显著负向影响老年人参与劳动的可能，即与子女同住的老年人劳动参与率不高，但是该变量的显著性水

表 6－2　　家庭代际关系对老年人总体劳动参与行为的影响结果

	模型 1－a		模型 1－b		模型 1－c		模型 1－d	
	系数	平均边际效应	系数	平均边际效应	系数	平均边际效应	系数	平均边际效应
控制变量								
性别	0.433***	0.139***	0.431***	0.138***	0.423***	0.135***	0.422***	0.134***
	(0.037)	(0.012)	(0.037)	(0.012)	(0.038)	(0.012)	(0.038)	(0.012)
年龄	－0.061***	－0.020***	－0.060***	－0.019***	－0.062***	－0.020***	－0.062***	－0.020***
	(0.003)	(0.001)	(0.003)	(0.001)	(0.003)	(0.001)	(0.003)	(0.001)
居住地类型	－1.059***	－0.340***	－1.040***	－0.333***	－1.055***	－0.336***	－1.053***	－0.335***
	(0.051)	(0.015)	(0.051)	(0.015)	(0.051)	(0.015)	(0.051)	(0.015)
教育程度	－0.096***	－0.031***	－0.097***	－0.031***	－0.101***	－0.032***	－0.101***	－0.032***
	(0.015)	(0.005)	(0.015)	(0.005)	(0.015)	(0.005)	(0.015)	(0.005)
婚姻状况	0.204***	0.066***	0.197***	0.063***	0.174***	0.055***	0.177***	0.056***
	(0.040)	(0.013)	(0.040)	(0.013)	(0.043)	(0.014)	(0.043)	(0.014)
健康自评	0.161***	0.052***	0.164***	0.052***	0.161***	0.051***	0.168***	0.053***
	(0.017)	(0.005)	(0.017)	(0.005)	(0.017)	(0.005)	(0.017)	(0.005)
无法劳动时的生活来源	－0.073***	－0.023***	－0.068***	－0.022***	－0.071***	－0.023***	－0.075***	－0.024***
	(0.014)	(0.005)	(0.014)	(0.005)	(0.015)	(0.005)	(0.015)	(0.005)
是否参与养老保险	－0.093*	－0.030*	－0.097*	－0.031*	－0.091*	－0.029*	－0.092*	－0.029*
	(0.050)	(0.016)	(0.050)	(0.016)	(0.050)	(0.016)	(0.050)	(0.016)
是否参与医疗保险	0.105	0.034	0.097	0.031	0.100	0.032	0.100	0.032
	(0.075)	(0.024)	(0.075)	(0.024)	(0.075)	(0.024)	(0.075)	(0.024)

续表

	模型 1 - a		模型 1 - b		模型 1 - c		模型 1 - d	
	系数	平均边际效应	系数	平均边际效应	系数	平均边际效应	系数	平均边际效应
代际结构性关系								
是否与子女同住	-0.113***	-0.036***	-0.107**	-0.034**	-0.083*	-0.026*	-0.081*	-0.026*
	(0.041)	(0.013)	(0.042)	(0.014)	(0.043)	(0.014)	(0.043)	(0.014)
代际居住距离	0.068	0.022	0.043	0.014	0.035	0.011	0.036	0.011
	(0.038)	(0.012)	(0.039)	(0.012)	(0.039)	(0.012)	(0.039)	(0.012)
代际亲密性关系								
代际见面频率			-0.080**	-0.026**	-0.080**	-0.026**	-0.074*	-0.024*
			(0.038)	(0.012)	(0.039)	(0.012)	(0.039)	(0.012)
代际联系频率			0.144***	0.046***	0.140***	0.045***	0.141***	0.045***
			(0.037)	(0.012)	(0.039)	(0.012)	(0.039)	(0.012)
代际功能性关系								
代际向上金钱支持					0.002	0.001	0.002	0.001
					(0.005)	(0.002)	(0.005)	(0.002)
代际向上物质支持					-0.010*	-0.003*	-0.009	-0.003
					(0.006)	(0.002)	(0.006)	(0.002)
代际向下金钱支持					0.003	0.001	0.003	0.001
					(0.005)	(0.002)	(0.005)	(0.002)
代际向下物质支持					0.036***	0.012***	0.036***	0.011***
					(0.007)	(0.002)	(0.007)	(0.002)

续表

	模型 1 - a		模型 1 - b		模型 1 - c		模型 1 - d	
	系数	平均边际效应	系数	平均边际效应	系数	平均边际效应	系数	平均边际效应
照料孙子女时间					-0.021***	-0.007***	-0.021***	-0.007***
					(0.007)	(0.002)	(0.007)	(0.002)
其配偶照料孙子女时间					0.010	0.003	0.010	0.003
					(0.008)	(0.003)	(0.008)	(0.003)
代际冲突可能性								
代际关系满意程度							-0.052**	-0.017**
							(0.023)	(0.007)
常数项	4.010***		3.952***		4.114***		4.297***	
	(0.247)		(0.248)		(0.257)		(0.270)	
Number of obs	6627		6627		6627		6627	
LR chi2	1689.62		1709.9		1750.1		1755.23	
Prob > chi2	0.000		0.000		0.000		0.000	
Pseudo R2	0.184		0.1862		0.1906		0.1912	
Correctly classified	71.19%		71.19%		71.39%		71.19%	

注：***、**、*分别代表在1%、5%、10%的水平上显著；结果保留至小数点后三位，表内显示为0.000的结果实际值并不为0；括号内为标准误差。

平在加入代际关系的其他维度后依次下降，最终在模型 1 - c、模型 1 - d 中保持 10% 的水平显著。这是因为，与子女同住的老年人帮助照料孙子女的时间较多而劳动参与率较低，这点从模型中也得到了验证。另外，与子女同住的老年人更容易获得更多的家庭经济支持，老年人的生活保障程度较高，劳动参与可能性随之下降。

代际居住距离在四个模型中均不显著，说明居住距离不是影响老年人劳动参与行为的重要影响因素，但其符号为正，说明子女居住得越远，老年人参与劳动的可能性越大，这也符合现实，子女居住距离较远，老年人更愿意通过增加劳动参与换取更多生活保障。

（二）家庭代际团结维度二：代际亲密性关系

代际见面频率和通信频率在所有模型中均显著影响老年人劳动参与行为，但其作用方向相反。代际见面频率高的老年人劳动参与可能性相对低，反之，代际见面频率越低，老年人劳动参与可能性越高。这可能是因为，代际见面频率和经济支持之间具有一定的替代性，随着子代对父代的经济持续的提高，代际见面频率可能下降。有研究表明，子女看望老年人频率的降低是由子女给予了老年人代际经济支持所导致的，进而降低了老年人劳动参与行为的发生①。

以代际通讯频率表征代际亲密性关系的变量在模型中均在 1% 水平上显著正向影响老年人劳动参与的可能。也就是说，代际联系越频繁，老年人参与劳动的可能性越大。可能的解释为，随着劳动力流动的便利程度的提高，子女与父辈之间居住地距离较远的可能性大大提高，从而增加了见面频率减少的可能性，加之子代工作生活压力的增加，时间成本不断提高，因此代际间见面频率下降已经成为普遍现象，不断提高的空巢老人占比可以从侧面证明这一点。另外，随着通信技术的普及，子女看望老年人频率与子女和老年人的通信频率存在“替代关系”，如子女与老年人见面频率的降低也将促使子女增加与老年人的通信频率作为

① 郑晓冬，方向明．劳动力转移如何影响农村老年人健康——基于路径分析方法的检验［J］．中国农业大学学报，2017，22（8）：188 - 198.

实现情感亲密交流的补偿，因此以代际见面频率、代际通信频率表征代际亲密性关系会得到作用相反的结果。

（三）家庭代际团结维度三：代际功能性关系

家庭代际功能性关系中，子女对老年人的物质支持仅在模型 1 - c 中显著，获得子女的物质支持会显著降低老年人参与劳动的可能，子女对老年人的物质支持每增加一单位，老年人参与劳动的可能性就降低 0.3%，与较多相关研究结论一致，子女的物质支持增加了老年人生活的保障程度，对老年人劳动参与行为产生“挤出效应”。老年人给予子女的物质支持则在模型 1 - c、模型 1 - d 中显著正向影响老年人劳动参与的可能，代际向下物质支持对老年人劳动参与可能的影响程度是代际向上物质支持（绝对值）影响程度的 40 左右，代际向下的物质支持每增加一单位，老年人参与劳动的可能就增加了 1.2%。相关研究也指出，老年人对子女的物质支持对老年人的劳动参与产生“挤入效应”，代际向下的物质支持会增加老年人的经济压力，这是导致老年人选择继续参与劳动的直接动因。

家庭代际功能性关系中，受访老年人隔代照料孙子女在模型 1 - c、模型 1 - d 中保持在 1% 水平强烈显著负向影响受访老年人劳动参与的可能。这一结果符合“隔代照料消极说”，有研究认为老年人承担隔代照料任务会增加老年人提前退休的可能、减少劳动参与的可能，对老年人的劳动参与行为产生消极影响[①]。

（四）家庭代际冲突可能性

代际关系满意程度表征家庭代际冲突存在的可能性，在模型 1 - d 中，代际满意程度在 5% 水平显著负向影响老年人劳动参与的可能，老年人对代际关系的满意程度每提升一层级，其参与劳动的可能性就降低 1.7%。换言之，老年人感受的家庭代际满意度每减少一层级，其参与劳动的可能就提高 1.7%。这是因为，如果存在家庭代际关系冲突，老

① Lumsdaine, R. L., Vermeer, S. J. C. Retirement Timing of Women and the Role of Care Responsibilities for Grandchildren. Demography, 2015, 52 (2): 433 - 454.

年人很可能得不到有效的代际支持，尤其是缺乏生活保障的情况下，老年人选择通过参与劳动提高生活保障程度。

（五）控制变量

模型1－a、模型1－b、模型1－c、模型1－d的控制变量中，除了是否参与医疗保险变量未表现显著性影响，其余所有控制变量的显著性水平与符号均未变化。性别始终强烈正向影响老年人劳动参与的可能性，男性老年人劳动参与行为发生的可能显著高于女性老年人，这一结果的出现符合“男主外、女主内”的传统思想，即使是在老年阶段该思想也在发挥着影响作用。另一方面，女性承担较多家务与隔代照料任务，参与劳动的弹性较男性相比更大。

老年人年龄每增长1岁，参与劳动的可能性降低14%，符合大多数已有研究的结论，年龄增长会降低劳动参与的可能。居住地类型在1%的水平上负向显著影响老年人劳动参与的可能，符合我国现实状况，相对于在农村居住的老年人，城镇老年人的社会保障水平更高，劳动参与的可能性更低，有研究表明农村老年人面临着“无休止劳动”或“过度劳动参与”问题[①]。受教育程度显著负向影响老年人参与劳动的可能，这是由于受教育程度在一定程度上反映了个体实现自身生存需要的难易程度，受教育水平越高，越容易实现[②]，受教育水平高的老年人相比于受教育水平低的老年人，拥有更强的积累养老资源的能力，晚年生活保障度较高，因此部分受教育程度高的老年人更愿意选择“闲暇”而退出劳动力市场。老年人婚姻状况显著正向影响老年人劳动参与的可能，也就是说有配偶的老年人更有可能参与劳动，这是由于有配偶的老年人相对于无配偶的老年人有着更大的家庭规模，经济压力随之增大，因此更有可能参与劳动。老年人健康自评状况显著正向影响老年人劳动

---

① Benjamin, Dwayne and Brandt, Loren and Fan, Jia－Zhueng, Ceaseless Toil? Health and Labor Supply of the Elderly in Rural China [Z]. William Davidson Institute Working Paper, No. 579, 2003.

② 封进，韩旭．退修年龄制度对家庭照料和劳动参与的影响［J］．世界经济，2017(6)：145－166.

参与的可能，健康状况良好的老年人更有可能参与劳动，这点与已有研究结论相吻合[①]。因为，健康状况越好的老年人，在就业市场上获得工作的机会越高，劳动参与率就会越高。在社会保障层面，参加养老保险在10%水平显著负向影响老年人劳动参与的可能，其原因为，社会保障会提高老年人非劳动收入，非劳动收入的影响主要取决于劳动供给的收入效应，即非劳动收入增加，劳动力供给减少。老年人在无法劳动时的生活来源这一变量显著负向影响老年人的劳动参与行为，因为具有保障性收入来源的老年人劳动参与意愿相对不强烈，而是依靠代际赡养或自我养老的老年人劳动参与意愿较为强烈。

二、代际关系对老年人不同类型劳动参与行为影响分析

在模型1中分析了家庭代际关系对老年人总体劳动参与可能的影响，实际上家庭代际关系可能对老年人参与不同类型的劳动产生的影响具有差异性。接下来，进一步将老年人参与的劳动划分为农业劳动和非农劳动，回归结果如表6－3中模型2和模型3所示。模型的似然比检验统计量（LR）对应的P值为0.000，准R^2的值在0.15—0.18，整个方程所有系数（除常数项以外）的联合显著性很高，均通过了显著性检验。

（一）家庭代际团结维度一：代际结构性关系

家庭代际结构性关系的两个变量在模型2中显著，在模型3中却不显著，即家庭结构性关系对老年人参与农业劳动具有显著影响，但对于参加非农劳动并不显著。这是因为，与子女同住的老年人容易将农业劳动负担转嫁于子女身上，会降低老年人农业劳动参与的可能，同时会显著提高其家务劳动参与度。子女居住距离较远，使得家庭内部缺乏劳动生产率较高的年轻劳动力而老年人不得不参与农业劳动。

---

① 童玉芬，廖宇航．健康状况对中国老年人劳动参与决策的影响［J］．中国人口科学，2017（6）：105－116.

表 6-3 家庭代际关系对不同类型劳动参与行为的影响结果

	模型 2 农业劳动参与				模型 3 非农劳动参与			
	模型 2-a	模型 2-b	模型 2-c	模型 2-d	模型 3-a	模型 3-b	模型 3-c	模型 3-d
	平均边际效应	平均边际效应	平均边际效应	平均边际效应	平均边际效应	平均边际效应	平均边际效应	平均边际效应
控制变量								
性别	0.099***	0.098***	0.097***	0.097***	0.093***	0.094	0.086***	0.086***
	(0.012)	(0.012)	(0.012)	(0.012)	(0.009)	(0.009)	(0.009)	(0.009)
年龄	-0.013***	-0.013***	-0.013***	-0.013***	-0.014***	-0.014***	-0.014***	-0.014***
	(0.001)	(0.001)	(0.001)	(0.001)	(0.001)	(0.001)	(0.001)	(0.001)
居住地类型	-0.471***	-0.459***	-0.462***	-0.461***	-0.004	-0.007	-0.011	-0.010
	(0.018)	(0.018)	(0.019)	(0.019)	(0.011)	(0.011)	(0.012)	(0.012)
教育程度	-0.038***	-0.039***	-0.039***	-0.039***	0.010***	0.010***	0.008**	0.008**
	(0.005)	(0.005)	(0.005)	(0.005)	(0.003)	(0.003)	(0.003)	(0.003)
婚姻状况	0.089***	0.084***	0.082***	0.083***	-0.013	-0.012	-0.026**	-0.026**
	(0.013)	(0.013)	(0.014)	(0.014)	(0.010)	(0.010)	(0.011)	(0.011)
健康自评	0.027***	0.028***	0.028***	0.030***	0.039***	0.039***	0.037***	0.037***
	(0.005)	(0.005)	(0.005)	(0.005)	(0.004)	(0.004)	(0.004)	(0.004)
无法劳动时的生活来源	-0.027***	-0.024***	-0.023***	-0.024***	-0.005	-0.005	-0.008**	-0.008**
	(0.005)	(0.005)	(0.005)	(0.005)	(0.003)	(0.003)	(0.004)	(0.004)

续表

	模型 2 农业劳动参与				模型 3 非农劳动参与			
	模型 2 - a	模型 2 - b	模型 2 - c	模型 2 - d	模型 3 - a	模型 3 - b	模型 3 - c	模型 3 - d
	平均边际效应	平均边际效应	平均边际效应	平均边际效应	平均边际效应	平均边际效应	平均边际效应	平均边际效应
是否参与养老保险	0.006 (0.016)	0.004 (0.016)	0.006 (0.016)	0.006 (0.016)	-0.038*** (0.012)	-0.037*** (0.012)	-0.037*** (0.012)	-0.037*** (0.012)
是否参与医疗保险	0.012 (0.025)	0.007 (0.025)	0.005 (0.025)	0.005 (0.025)	0.036* (0.020)	0.038* (0.020)	0.040** (0.020)	0.040** (0.020)
代际结构性关系								
是否与子女同住	-0.047*** (0.013)	-0.040*** (0.014)	-0.037*** (0.014)	-0.037*** (0.014)	-0.004 (0.010)	-0.003 (0.010)	0.002 (0.011)	0.002 (0.011)
代际居住距离	0.034*** (0.012)	0.024* (0.012)	0.023* (0.012)	0.023* (0.012)	-0.013 (0.009)	-0.009 (0.009)	-0.012 (0.010)	-0.012 (0.010)
代际亲密性关系								
代际见面频率		-0.025** (0.012)	-0.023* (0.012)	-0.021* (0.012)		0.021** (0.009)	0.015* (0.009)	0.015* (0.009)
代际联系频率		0.074*** (0.012)	0.071*** (0.013)	0.071*** (0.013)		-0.022** (0.009)	-0.021** (0.009)	-0.021** (0.009)
代际功能性关系								
代际向上金钱支持			0.002 (0.002)	0.002 (0.002)			-0.003** (0.001)	-0.003** (0.001)
代际向上物质支持			-0.004** (0.002)	-0.003* (0.002)			0.001 (0.001)	0.001 (0.001)

续表

	模型2农业劳动参与				模型3非农劳动参与			
	模型2-a	模型2-b	模型2-c	模型2-d	模型3-a	模型3-b	模型3-c	模型3-d
	平均边际效应	平均边际效应	平均边际效应	平均边际效应	平均边际效应	平均边际效应	平均边际效应	平均边际效应
代际向下金钱支持			-0.002	-0.002			0.005***	0.005***
			(0.002)	(0.002)			(0.001)	(0.001)
代际向下物质支持			0.012***	0.012***			0.000	0.000
			(0.002)	(0.002)			(0.002)	(0.002)
照料孙子女时间			0.000	0.000			-0.008***	-0.008***
			(0.002)	(0.002)			(0.002)	(0.002)
其配偶照料孙子女时间			0.000	0.000			0.006***	0.006***
			(0.003)	(0.003)			(0.002)	(0.002)
代际冲突可能性								
代际关系满意程度				-0.017**				-0.001
				(0.007)				(0.006)
常数项	2.696***	2.606***	2.530***	2.719***	3.044***	3.094***	3.359***	3.376***
	(0.248)	(0.249)	(0.258)	(0.271)	(0.341)	(0.342)	(0.351)	(0.367)
Number ofobs	6627	6627	6627	6627	6627	6627	6627	6627
LR chi2	1613.79	1657.38	1690.80	1696.27	783.59	796.82	846.70	846.72
Prob > chi2	0.000	0.000	0.000	0.000	0.000	0.000	0.000	0.000
Pseudo R2	0.178	0.183	0.186	0.187	0.147	0.150	0.159	0.159
Correctly classified	69.26%	69.38%	69.87%	69.91%	86.28%	86.42%	86.51%	86.54%

注：***、**、* 分别代表在1%、5%、10%的水平上显著；结果保留至小数点后三位，表内显示为0.000的结果实际值并不为0；括号内为标准误差。

（二）家庭代际团结维度二：代际亲密性关系

代际见面频率与代际通信频率在各模型中均呈现显著性影响，但对农业劳动与非农业劳动参与行为产生的作用方向不同。具体而言，经常与子女见面的老年人参与农业劳动的可能性显著较低，而孤独的老年人会通过增加参与农业劳动时间而获得心理满足，减少孤独感。相反，代际见面频率显著正向影响老年人非农劳动参与的可能，代际见面频率越高，代际双方情感流通越强，显著增强老年人身心健康，提高其参与非农劳动的可能性。

代际联系频率对于老年人参与农业劳动具有正向影响，而对于参与非农劳动具有负向影响。可能的解释为，老年人的精神慰藉需求在子女处得不到有效供给，或许促使其通过参与劳动而满足交流沟通的需求。

（三）家庭代际团结维度三：代际功能性关系

代际物质和金钱支持对于参与农业劳动和非农业劳动具有不同的影响。具体而言，代际物质支持对老年人参与农业劳动具有显著影响，代际金钱支持对老年人参与非农劳动具有显著影响。而从隔代照料的时间方面来看，对于老年人参与非农劳动具有显著影响，这也符合现实。

（四）家庭代际冲突可能性

代际关系和谐的老年人参与农业劳动的可能性降低，反之则提高其参与农业劳动的可能性。对于非农业劳动参与行为虽然没有显著影响，但其符号为正，说明代际关系的和谐程度对于非农劳动参与行为有正向影响，即代际关系越和谐，老年人越有可能参与非农劳动。

（五）控制变量

除了教育水平、婚姻状况和参与社会保障情况以外，其他控制变量的结果与总样本基本相同。受教育程度对参与农业劳动和非农劳动的影响相反，说明随着教育程度的提高，人们从农业劳动转向非农劳动的概率增加。受教育程度是反映个体人力资本存量的重要指标，受教育程度越高，其拥有的知识和技能越高，就业能力越强，其在劳动力市场获得工作的机会也就越多，因此参与市场劳动的可能就越高。

同样，有无配偶对老年人参与农业劳动和非农劳动的影响也是相反的，有配偶会促使其参与农业劳动，而抑制其参与非农劳动。其可能的原因是，从事不同劳动的老年人之间存在“劳动—闲暇”的偏好不同。

另外，参与社会保障情况对于老年人的农业劳动参与行为没有显著影响，但对于老年人的非农劳动参与行为有显著影响。参加养老保险会降低老年人参与非农劳动的可能性，而参加医疗保险制度会增加老年人的非农劳动参与。一般而言，老年人的经济来源可分为保障性收入、财产性收入、家庭成员供养和劳动收入四类，而这四类之间具有一定的替代性。因此，参加养老保险制度会降低老年人的劳动参与积极性，但医疗保险会解除老年人的后顾之忧，在一定程度上可以促进老年人的劳动参与行为。从模型中可以看出，对于老年人农业劳动参与行为而言，是否参加社会保障制度，不会显著影响其劳动参与行为，这与已有相关研究的结论也是一致的[①]。

第四节 稳健性分析

由于本部分实证分析采用二元 Probit 模型分析家庭代际关系对老年人劳动参与行为的影响，在稳健性检验中，从计量方法出发，变换使用同类型的二元 Logit 模型，不改变变量，按照 Probit 模型的步骤分析家庭代际关系对老年人劳动参与行为的影响，比较二者的结果。由于 Probit 与 Logit 所用分布函数不同，其参数估计值不直接可比，需分别计算二者的边际效应，再做比较[②]。

---

① 周云波，曹荣荣．新农保对农村中老年人劳动供给行为的影响——基于 PSM－DID 方法的研究［J］．人口与经济，2017，(5)：95－107．

② 陈强．计量经济学及 Stata 应用［M］．高等教育出版社，2015．

一、代际关系对老年人总体劳动参与行为影响的稳健性检验

如表 6－4 所示，模型 4－a、模型 4－b、模型 4－c、模型 4－d 分别为依次加入代际结构性关系、代际亲密性关系、代际功能性关系、代际冲突的模型，对比模型 1－a、模型 1－b、模型 1－c、模型 1－d，控制变量与主要解释变量边际效应、准 R^2 及正确预测比率与 Probit 模型几乎完全相同，模型 1 通过稳健性检验。

二、代际关系对老年人不同类型劳动参与行为影响的稳健性检验

如表 6－5 所示，模型 5、模型 6 分别包括依次加入代际结构性关系、代际亲密性关系、代际功能性关系、代际冲突的模型，对比模型 2、模型 3 的结果，控制变量与主要解释变量边际效应、准 R^2 及正确预测比率与 Probit 模型几乎完全相同，模型 2、模型 3 也通过稳健性检验。

本章小结

劳动收入是老龄人口重要收入来源之一，通过开发利用老年人力资源，不仅可以在当前人口老龄化背景下改善劳动力有效供给，还可以为老龄人口拓宽收入渠道，为其生计多样化提供最大可能。本章在前面分析的基础上，基于家庭代际团结—冲突理论，利用 CHARLS2018 数据，考察了影响老年人劳动参与行为的众多因素中，家庭代际关系对其产生的影响。基于现有文献研究，在具体分析中将家庭代际关系分为代际团结和代际冲突两个方面，又将代际团结分为家庭代际结构性关系、代际亲密性关系、代际功能性关系三个维度进行分析，从而考察不同代际关

表 6－4　庭代际关系对老年人总体劳动参与行为的 Logit 回归

	模型 4－a		模型 4－b		模型 4－c		模型 4－d	
	系数	平均边际效应	系数	平均边际效应	系数	平均边际效应	系数	平均边际效应
代际结构性关系								
是否与子女居住	－0.188***	－0.036***	－0.176**	－0.034**	－0.137*	－0.026*	－0.134*	－0.025*
	(0.069)	(0.013)	(0.071)	(0.013)	(0.072)	(0.014)	(0.072)	(0.014)
代际居住距离	0.112**	0.021**	0.072	0.014	0.058	0.011	0.059	0.011
	(0.064)	(0.012)	(0.065)	(0.012)	(0.065)	(0.012)	(0.065)	(0.012)
代际亲密性关系								
代际见面频率			－0.130**	－0.025**	－0.129**	－0.024**	－0.118*	－0.022*
			(0.063)	(0.012)	(0.065)	(0.012)	(0.065)	(0.012)
代际通信频率			0.241***	0.046***	0.234***	0.044***	0.235***	0.045***
			(0.063)	(0.012)	(0.065)	(0.012)	(0.066)	(0.012)
代际功能性关系								
代际向上金钱支持					0.003	0.001	0.004	0.001
					(0.008)	(0.002)	(0.008)	(0.002)
代际向上物质支持					－0.017*	－0.003*	－0.015	－0.003
					(0.010)	(0.002)	(0.010)	(0.002)
代际向下金钱支持					0.004	0.001	0.004	0.001
					(0.009)	(0.002)	(0.009)	(0.002)
代际向下物质支持					0.060***	0.011***	0.060***	0.011***
					(0.012)	(0.002)	(0.012)	(0.002)

续表

	模型 4 - a		模型 4 - b		模型 4 - c		模型 4 - d	
	系数	平均边际效应	系数	平均边际效应	系数	平均边际效应	系数	平均边际效应
受访老年人照料					-0.037***	-0.007***	-0.036***	-0.007***
孙子女时间					(0.012)	(0.002)	(0.012)	(0.002)
受访老年人配偶					0.017	0.003	0.017	0.003
照料孙子女时间					(0.013)	(0.003)	(0.013)	(0.003)
代际冲突可能性								
代际关系满意程度							-0.089**	-0.017**
							(0.039)	(0.007)
控制变量								
性别	0.725***	0.139***	0.721***	0.138***	0.708***	0.134***	0.706***	0.134***
	(0.063)	(0.012)	(0.063)	(0.012)	(0.064)	(0.012)	(0.064)	(0.012)
年龄	-0.102***	-0.020***	-0.101***	-0.019***	-0.104***	-0.020***	-0.104***	-0.020***
	(0.005)	(0.001)	(0.005)	(0.001)	(0.005)	(0.001)	(0.005)	(0.001)
居住地类型	-1.774***	-0.340***	-1.742***	-0.333***	-1.769***	-0.336***	-1.765***	-0.335***
	(0.088)	(0.015)	(0.088)	(0.015)	(0.089)	(0.015)	(0.089)	(0.015)
教育程度	-0.164***	-0.031***	-0.166***	-0.032***	-0.172***	-0.033***	-0.173***	-0.033***
	(0.025)	(0.005)	(0.025)	(0.005)	(0.025)	(0.005)	(0.025)	(0.005)
婚姻状况	0.346***	0.066***	0.333***	0.064***	0.295***	0.056***	0.300***	0.057***
	(0.067)	(0.013)	(0.067)	(0.013)	(0.072)	(0.014)	(0.072)	(0.014)

续表

	模型 4 - a		模型 4 - b		模型 4 - c		模型 4 - d	
	系数	平均边际效应	系数	平均边际效应	系数	平均边际效应	系数	平均边际效应
自觉健康状况	0.274***	0.052***	0.278***	0.053***	0.274***	0.052***	0.286***	0.054***
	(0.028)	(0.005)	(0.029)	(0.005)	(0.029)	(0.005)	(0.029)	(0.005)
无法劳动时的生活来源	-0.122***	-0.023***	-0.114***	-0.022***	-0.119***	-0.023***	-0.125***	-0.024***
	(0.024)	(0.004)	(0.024)	(0.005)	(0.024)	(0.005)	(0.025)	(0.005)
是否参与养老保险	-0.159**	-0.031**	-0.164*	-0.031*	-0.153*	-0.029*	-0.155*	-0.029*
	(0.084)	(0.016)	(0.084)	(0.016)	(0.085)	(0.016)	(0.085)	(0.016)
是否参与医疗保险	0.166	0.032	0.152	0.029	0.155	0.029	0.155	0.029
	(0.126)	(0.024)	(0.126)	(0.024)	(0.127)	(0.024)	(0.127)	(0.024)
常数项	6.724***		6.623***		6.915***		7.229***	
	(0.421)		(0.422)		(0.440)		(0.461)	
Number ofobs	6627		6627		6627		6627	
LR chi2 (11)	1694.59		1714.64		1754.6		1759.9	
Prob > chi2	0.000		0.000		0.000		0.000	
Pseudo R2	0.185		0.187		0.191		0.192	
Correctly classified	71.18%		71.24%		71.40%		71.13%	

注：***、**、* 分别代表在 1%、5%、10% 的水平上显著；结果保留至小数点后三位，表内显示为 0.000 的结果实际值并不为 0；括号内为标准误差。

表 6－5　家庭代际关系对老年人不同类型劳动参与行为影响的 Logit 回归

	模型 5 农业劳动参与				模型 6 非农劳动参与			
	模型 5－a	模型 5－b	模型 5－c	模型 5－d	模型 6－a	模型 6－b	模型 6－c	模型 6－d
代际结构性关系								
是否与子女居住	－0.048***	－0.041***	－0.038***	－0.037***	－0.002	－0.001	0.004	0.004
	(0.013)	(0.013)	(0.014)	(0.014)	(0.010)	(0.010)	(0.010)	(0.010)
代际居住距离	0.035***	0.024**	0.024*	0.024*	－0.012	－0.007	－0.012	－0.012
	(0.012)	(0.012)	(0.012)	(0.012)	(0.009)	(0.009)	(0.009)	(0.009)
代际亲密性关系								
代际见面频率		－0.025**	－0.022*	－0.020*		0.022**	0.016*	0.017*
		(0.012)	(0.012)	(0.012)		(0.009)	(0.009)	(0.009)
代际通信频率		0.074***	0.071***	0.071***		－0.021**	－0.020**	－0.020**
		(0.012)	(0.013)	(0.013)		(0.009)	(0.009)	(0.009)
代际功能性关系								
代际向上金钱支持			0.002	0.002			－0.003**	－0.003**
			(0.002)	(0.002)			(0.001)	(0.001)
代际向上物质支持			－0.004**	－0.003*			0.001	0.001
			(0.002)	(0.002)			(0.001)	(0.001)
代际向下金钱支持			－0.002	－0.002			0.005***	0.005***
			(0.002)	(0.002)			(0.001)	(0.001)
代际向下物质支持			0.013***	0.012***			0.000	0.000
			(0.002)	(0.002)			(0.001)	(0.001)

续表

	模型 5 农业劳动参与				模型 6 非农劳动参与			
	模型 5 - a	模型 5 - b	模型 5 - c	模型 5 - d	模型 6 - a	模型 6 - b	模型 6 - c	模型 6 - d
受访老年人			0.000	0.000			-0.008***	-0.008***
照料孙子女时间			(0.002)	(0.002)			(0.002)	(0.002)
受访老年人配偶			0.000	0.000			0.007***	0.007***
照料孙子女时间			(0.003)	(0.003)			(0.002)	(0.002)
代际冲突可能性								
代际关系满意程度				-0.017**				-0.002
				(0.007)				(0.006)
控制变量								
性别	0.098***	0.097***	0.097***	0.096***	0.097***	0.097***	0.088***	0.088***
	(0.012)	(0.012)	(0.012)	(0.012)	(0.009)	(0.009)	(0.009)	(0.009)
年龄	-0.013***	-0.013***	-0.013***	-0.013***	-0.014***	-0.015***	-0.015***	-0.015***
	(0.001)	(0.001)	(0.001)	(0.001)	(0.001)	(0.001)	(0.001)	(0.001)
居住地类型	-0.501***	-0.489***	-0.492***	-0.491***	-0.005	-0.008	-0.011	-0.011
	(0.021)	(0.021)	(0.021)	(0.021)	(0.011)	(0.011)	(0.011)	(0.011)
教育程度	-0.038***	-0.039***	-0.039***	-0.039***	0.009***	0.009***	0.008**	0.008**
	(0.005)	(0.005)	(0.005)	(0.005)	(0.003)	(0.003)	(0.003)	(0.003)
婚姻状况	0.089***	0.084***	0.081***	0.082***	-0.010	-0.008	-0.024**	-0.023**
	(0.013)	(0.013)	(0.014)	(0.014)	(0.010)	(0.010)	(0.011)	(0.011)

续表

	模型 5 农业劳动参与				模型 6 非农劳动参与			
	模型 5 - a	模型 5 - b	模型 5 - c	模型 5 - d	模型 6 - a	模型 6 - b	模型 6 - c	模型 6 - d
自觉健康状况	0.028***	0.029***	0.028***	0.031***	0.039***	0.039***	0.037***	0.037***
	(0.005)	(0.005)	(0.005)	(0.005)	(0.004)	(0.004)	(0.004)	(0.004)
无法劳动时的生活来源	-0.026***	-0.023***	-0.023***	-0.024***	-0.004	-0.005	-0.008**	-0.008**
	(0.004)	(0.004)	(0.005)	(0.005)	(0.003)	(0.004)	(0.004)	(0.004)
是否参与养老保险	0.007	0.005	0.008	0.007	-0.037***	-0.037***	-0.037***	-0.037***
	(0.016)	(0.016)	(0.016)	(0.016)	(0.012)	(0.012)	(0.012)	(0.012)
是否参与医疗保险	0.013	0.008	0.006	0.006	0.037*	0.038*	0.041*	0.041*
	(0.025)	(0.024)	(0.024)	(0.024)	(0.022)	(0.021)	(0.021)	(0.021)
常数项	4.439***	4.286***	4.173***	4.476***	5.926***	6.016***	6.531***	6.603***
	(0.416)	(0.418)	(0.434)	(0.455)	(0.648)	(0.649)	(0.666)	(0.697)
Number ofobs	6627	6627	6627	6627	6627	6627	6627	6627
LR chi2 (11)	1617.84	1661.13	1694.61	1699.73	789.49	802.52	853.2	853.33
Prob > chi2	0.000	0.000	0.000	0.000	0.000	0.000	0.000	0.000
Pseudo R2	0.178	0.183	0.187	0.187	0.148	0.151	0.160	0.160
Correctly classified	69.14%	69.38%	69.94%	70.00%	86.39%	86.57%	86.63%	86.62%

注：***、**、*分别代表在1%、5%、10%的水平上显著；结果保留至小数点后三位，表内显示为0.000的结果实际值并不为0；括号内为标准误差。

系对于老年人劳动参与行为的影响。根据实证研究结果，又将样本分为参与农业劳动和参与非农劳动两个分样本进行分析，进一步说明了代际关系对老年人劳动参与行为的影响。通过研究发现：家庭代际关系和谐的老年人减少农业劳动参与，增加非农劳动参与的可能性；存在代际冲突的老年人增加农业劳动参与行为，对非农劳动参与行为没有显著影响。

第七章

结论与政策建议

第一节 主要结论

通过以上研究，可以从生计资本、生计风险、老年人生活满意度及其劳动参与行为角度，对我国老龄人口生计问题进行总结性阐述。具体而言：

一、我国老龄人口生计资本有限，抗风险能力较差

第一，随着年龄增长，老龄人口所拥有的生计资本水平在下降，转移性收入水平在提高，但总体生计水平仍不高。具体而言，人力资本和社会资本水平下降显著，物质资本和自然资本和金融资本在城乡老龄人口之间存在较大差异。

第二，总体而言，我国老龄人口生计资本总体匮乏，资本结构不平衡，表现出较强的脆弱性，可持续生计能力较差，抗风险能力有限。城乡老龄人口比较而言，农村老龄人口虽然生计资本种类多，但抵御风险以及疾病、灾害等重大事件冲击的能力十分有限，需要外部支持和干预；空巢和非空巢老龄人口相比较，其生计资本结构不同，空巢老人面临的健康风险和社会风险更突出。

二、我国老龄人口生计策略较为单一，生计风险较高

不同类型的老龄人口所拥有的生计资本不同，所采用的生计策略不尽相同，面临的生计风险也不同。

第一，我国城镇老龄人口生计策略以保障性收入为主。随着我国社会保障制度的不断完善，城镇老龄人口对保障性收入的依赖程度较高，

老龄人口劳动参与率较低，生计策略较为单一。而农村老龄人口生计策略多样，以经营性收入为主和以保障性收入为主的生计策略占主导，但总体收入水平相对较低，老年贫困风险较高。

第二，我国老龄人口面临多元化的生计风险，而老龄人口抗风险能力相对薄弱。城乡老龄人口面临的主要生计风险有：经济风险、健康风险、代际风险和社会风险。

三、生计资本对老龄人口生活满意度有显著影响

生计资本是老龄人口赖以生存的重要经济来源，生计资本的多少直接影响老龄人口生活满意度。从第五章的研究结果来看：

第一，大多数老年人对生活较满意，其中城镇老年人生活满意度高于农村老年人。从本书选择的生计资本指标而言，城镇老年人相比于农村老年人生计资本更具有多样性，空巢老年人相较于非空巢老年人生计资本更具有多样性。

第二，各类生计资本对于老龄人口生活满意度的影响不尽相同。具体而言：人力资本对各类老龄人群生活满意度均有显著正向影响，其中，对城镇老年人生活满意度影响最大；物质资本中仅农业生产收入显著正向影响农村老年人与空巢、非空巢老年人生活满意度，对城镇老年人生活满意度的影响不显著；自然资本对城乡老年人以及空巢老年人生活满意度具有显著正向影响，对非空巢老年人不具有显著影响，自然资本对农村老年人生活满意度的影响最大；金融资本对城镇老年人生活满意度影响最为显著，存款会增强各类老龄人群生活满意度，但投资会降低城镇老年人生活满意度；社会资本中，参加社会活动种类多会促进城镇老年人生活满意度，党员身份会促进空巢老年人生活满意度；转移性收入对城镇老年人、非空巢老年人生活满意度影响最大；除生计资本指标外，性别、婚姻状态是影响老龄人群生活满意度的重要指标，男性、有配偶的老年人对生活更加满意。

四、家庭代际关系显著影响老龄人口劳动参与行为

我国老龄人口，尤其是生计风险较高的农村老龄人口主要依靠经营性收入和家庭内部转移性收入。无论是经营性收入还是代际间转移支付，都受到家庭代际关系影响。本书基于家庭代际团结—冲突理论，利用 CHARLS2018 数据，考察了影响老年人劳动参与行为的众多因素中，家庭代际关系对其产生的影响。基于现有文献研究，在具体分析中将家庭代际关系分为代际团结和代际冲突两个方面，又将代际团结分为家庭代际结构性关系、代际亲密性关系、代际功能性关系三个维度进行分析，从而考察不同代际关系对于老年人劳动参与行为的影响。根据实证研究结果，又将样本分为参与农业劳动和参与非农劳动两个分样本进行分析，进一步说明了代际关系对老年人劳动参与行为的影响。通过研究发现：

第一，从个体特征角度而言，相对年轻、受教育程度较高、健康状况较好的老年人劳动参与积极性相对较高，这与以往相关研究结论基本一致。

第二，家庭代际关系显著影响老年人劳动参与行为，但代际关系的不同维度对老年人劳动参与行为的影响程度和作用方向不同，尤其对农业劳动和非农业劳动的参与行为有较大差别。总体而言，代际关系和谐的老年人减少农业劳动供给，增加非农劳动供给的可能性，反之亦然。但也有个别因素对老年人劳动参与行为具有挤出效应，例如照料孙子女或较好的生活保障等。

第三，家庭代际冲突的存在会促使老年人增加劳动参与，这一现象在农业劳动中更为突出。

第二节 改善我国老龄人口生计的有效途径

随着老龄化进程的深入，老龄人口是未来社会的重要组成部分。老龄人口的生计不仅影响家其生活质量，还影响整个社会的安定与持续发展。因此，秉持着共享发展理念，不断改善我国老龄人口生计，不仅可以为积极应对老龄社会提供保障，还可以为构建和谐社会奠定基础。基于上述研究结论，提出以下几点政策建议：

一、进一步提高老年人经济福利，降低老年贫困风险

老龄人口面临着生计资本水平下降而经济收入减少的收入风险，同时还面临着因医疗保健等其他支出不断提高的支出风险，尤其是农村老龄人口保障性收入有限，面临的老年贫困风险较高。因此，通过建立城乡统一的社会保障制度，缩小城乡老龄人口生计差距的同时，对特殊困难老年群体提供针对性政策扶持，例如空巢、因病致贫、失能、丧偶等群体提供物质和精神方面的实质性帮助。

二、进一步完善养老服务供给体系，加强多元化供给能力

第一，为居家养老模式提供制度保障和配套设施。尤其对农村老龄人口和城乡失能半失能老人而言，因其自理能力和活动能力的下降以及公共服务的欠缺，对居家养老的需求较为强烈。因此，针对选择居家养老的老年人而言，从制度上给予保障，保障其正常的生活照料、医疗保健和精神慰藉需求得到满足。具体而言，可以从制度层面完善居家养老的配套设施，包括家庭医生、专业的养老服务提供者的上门服务等，加

强以社区为依托居家养老模式的养老服务功能。

第二，巩固机构养老模式的基础地位，为失能半失能高龄老人提供有效服务。鉴于当前我国机构养老床位数有限、专业服务人员缺乏的实际情况，应将有限的机构养老服务留给失能半失能的高龄老人，保证他们能够获得专业的养老服务，减轻家庭的养老负担。

第三，鼓励和引导多元化的养老模式发展，提高供给能力。在完善的法律制度框架和严格的监管体系下，鼓励私人资本进入养老服务领域，由市场提供多元化的养老服务，由需求方根据自身需求选择适合自己的养老服务进行购买是最符合市场规律的供求模式。但前提条件为老龄人口具有一定的消费能力，因此在提高老年人经济支持的同时，引导其转变养老观念，提高养老服务的消费。

三、提高老龄人口自愿参与劳动行为，积极开发老年人力资源

第一，寻求多途径，强化老年人力资源开发利用，尤其是非农劳动领域的老年人力资源的有效开发利用。一是政策扶持老年人再就业，开拓老年人就业市场，为老年人再就业创造条件；二是大力发展老年大学，丰富老年教育，促进老年教育水平；三是搭建平台，建立老年人才库，为老年人就业提供服务；四是完善相关法律法规，保障老年人合法权益。

第二，完善养老和托幼服务行业，切实解决“一老一小”的照护问题。一是加快城乡公共服务均等化进程，大力发展农村养老服务业，为解决生计而被迫从事农业劳动的老年人提供可选择的机会；二是进一步规范托幼服务行业，加强人才培养和监督管理，完善机制，缓解家庭压力，解放部分优质老年劳动力。

第三，通过加强宣传教育，转变观念，助力构建和谐的代际关系。一是转变养老观念，提倡老年人树立终身价值观；二是提高老年人社会参与意识，为其提供可行的参与方式和机会；三是构建和谐的代际关

系，一方面帮助老年人主动接受社会变迁带来的挑战和机遇，另一方面不断加强年轻一代“尊老爱幼”的中华传统美德教育和孝文化的宣传教育，秉持“共享发展成果，共建美好生活”的理念，避免代际冲突的发生。

四、积极应对老龄化，建设老年友好型社会

第一，引导老龄人口树立积极的养老理念。全社会应该鼓励和引导老年人树立积极的养老观念，为其提供社会参与机会，尽可能地发挥其余热，不要将老年人看作社会负担，应将他们看作为社会发展做出重要贡献的重要成员，加强其社会参与度，让他们继续体现自身价值。

第二，消除老年人参与家庭、社区、社会生活的种种障碍，能够给老年人提供安全、便捷、规避风险的一个社会环境。

第三，加快建立解决老年人面临“数字鸿沟”问题的长效机制，加强工作协同和信息共享，形成统筹推进、分工负责、上下联动的工作格局，确实维护老年人的各项合法权益。

参考文献

[1] A. Peter Castro, Social Capital, Assets and Responses to Drought: Preliminary Observations from Interviews, South Wello and Oromiya Zones, Amhara Region, Ethiopia [J]. BASIS, 2002 September.

[2] Alam, G. M. An Assessment of the Livelihood Vulnerability of the Riverbank Erosion Hazard and its Impact on Food Security for Rural Households in Bangladesh [D]. School of Commerce Faculty of Business, Education, Law & Arts University of Southern Queensland Toowoomba, Queensland, Australia, 2016.

[3] Bacon, C. Confronting the Coffee Crisis: Can Fair Trade, Organic, and Specialty Coffees Reduce Small – Scale Farmer Vulnerability in Northern Nicaragua? [J]. Center for Global, International and Regional Studies, Working Paper Series, 2004, 33 (3): 497 – 511.

[4] Barrett, C. B., Reardon, T., and Webb, P. Nonfarm income diversification and household livelihood strategies in rural Africa: concepts, dynamics, and policy implications [J]. Food Policy, 2001, 26 (4): 315 – 331.

[5] Barrow, C. J., Hicham H. Two complimentary and integrated land uses of the western High Atlas Mountains, Morocco: The potential for sustainable rural livelihoods [J]. Applied Geography, 2000, 20 (4): 369 – 394.

[6] Bass, Scott A., Joseph F. Quinn, and Richard V. Burkhauser. "Towards Pro – Work Policies and Programs for Older Americans." In Scott A. Bass (ed.), Aging and Active: Dimensions of Productive Engagement Among Older Americans. New Haven: Yale University Press, 1995: 263 – 294.

[7] Bebbington, A. Capitals and capabilities: a framework for analyzing

peasant viability, rural livelihoods and poverty [J]. World Development, 1999, 27 (12): 2021 -2044.

[8] Bengtson, V. L. , Olander E B, Haddad A A. The "Generation Gap" and Aging Family Members: Toward a Conceptual Model. //Jaber F Gubrium (ed.). Time, Roles, and Self in Old Age. New York: Human Sciences Press, 1976: 237 -263.

[9] Benjamin, Dwayne and Brandt, Loren and Fan, Jia - Zhueng, Ceaseless Toil? Health and Labor Supply of the Elderly in Rural China [Z]. William Davidson Institute Working Paper, No. 579, 2003.

[10] Bound, J, Stinebrickner T, Waidmann T. Health, Economic Resources and the Work Decisions of Older Men [J]. Journal of Econometrics, 2010: 156.

[11] Bryceson, Fahy D. African rural labour, income diversification & livelihood approaches: a long - term development perspective [J]. Review of African Political Economy, 1999, 26 (80): 171 -189.

[12] Carney, Diana. Approaches to Sustainable Livelihoods for the Rural Poor [J]. Overseas Development Institute Poverty Briefing, 1999.

[13] Cernea, M. M. Social assessments for better development [M]. World Bank, 1997.

[14] Cherni, J. A. , Hill Y. Energy and policy providing for sustainable rural livelihoods in remote locations—The case of Cuba [J]. Geoforum, 2009, 40 (4): 645 -654.

[15] Chambers, R. (ed.). Vulnerability, coping and policy. IDS Bulletin. 1989.

[16] Chambers, R. , Conway, G. Sustainable rural livelihoods: practical concepts for the 21st century [J]. IDS Discussion Paper No. 296. Brighton, Institute of Development Studies, 1992: 296.

[17] Chen, Guo, Cui. Agrobiodiversity loss and livelihood vulnerability as a consequence of converting from subsistence farming systems to commercial plan-

tation – dominated systems in Xishuangbanna, Yunnan, China: A houshold level analysis RID B – 2613 – 2008 [J]. LAND DEGRAD DEV, 2010, 2010, 21 (3): 274 – 284.

[18] Coile, C. C. Economic determinants of workers' retirement dicisions [J]. Journal of Economic Surveys, 2015, 29 (4): 830 – 853.

[19] Coile, C., Milligan, K. S., Wise D A. Health Capacity to work at older ages: Evidence from the US [J]. Nber Working Papers, 2016.

[20] DFID. Sustainable Livelihoods Guidance Sheets. DFID, London, 1999.

[21] Dingde, X., Jifei, Z., Golam, R., et al. Household Livelihood Strategies and Dependence on Agriculture in the Mountainous Settlements in the Three Gorges Reservoir Area, China [J]. Sustainability, 2015, 7 (5): 4850 – 4869.

[22] Ding, W., Ren, W., Li, P., et al. Evaluation of the livelihood vulnerability of pastoral households in Northern China to natural disasters and climate change [J]. Rangeland Journal, 2014, 36 (6): 535 – 543.

[23] Dixon, J. Gulliver, A. Gibbon, D, Dixon, J. Gulliver, A. Gibbon, D. Farming systems and poverty : improving farmers' livelihoods in a changing world [J]. 2001.

[24] DR Brown, EC Stephens, JO Ouma, FM Murithi, CB Barrett. Livelihood strategies in the rural Kenyan highlands [J]. AGRIS, 2006.

[25] Ellis, F. Rural Livelihoods and Diversity in Development Countries [M]. New York: Oxford University Press, 2000: 26 – 78.

[26] Farrington, John. (1999). Sustainable Livelihoods in Practice: Early Applications of Concepts in Rural Areas. Natural Resource Perspectives. 42.

[27] Fernandez, F., Saldarriaga, V. Do benefit recipients change their labor supply after receiving the cash transfer? Evidence from the Peruvian Juntos program [J]. IZA Journal of Labor & Development, 2014, 3 (1): 1 – 30.

[28] Fingerman, K. L. Discrepancies in Reports of Support Exchanges Between Aging Parents and Their Middle – Aged Children [J]. Journals of Gerontology, 2011, 66 (5): 527 –537.

[29] French, E. , Jones, J. B. Public pensions and labor supply over the life cycle [J]. Social Science Electronic Publishing, 2012, 19 (2): 268 – 287.

[30] Frey, B. S. , Stutzer, A. What can Economists Learn from Happiness Research? [J]. Journal of Economic Literature, 2002 (40): 402 –435.

[31] Gaalen, R. I. , Dykstra P A. Solidarity and Conflict between Adult Children and Parents: A Latent Class Analysis [J]. Journal of Marriage and Family, 2006, 68 (4): 947 –960.

[32] Gustman, A. L. , Steinmeier, T. L. Employer – Provided Health Insurance and Retirement Behavior [J]. Industrial and Labor Relations Review, 1994.

[33] Gustman, A. L. , Steinmeier, T. L. Projecting Behavioral Responses to the Next Generation of Retirement Policies [J]. Research in Labor Economics, 2007, 28 (8): 141 –195.

[34] Haile, M. Weather patterns, food security and humanitarian response in sub – Saharan Africa [J]. Philosophical Transactions of the Royal Society B: Biological Sciences, 2005, 360 (1463): 2169 –2182.

[35] Hart, K. Informal economy opportunities and the urban employment in Ghana [J]. Journal of Modern African Studies, 1973, 11 (1): 61 –89.

[36] Hesselberg, J. , Yaro, J. A. An assessment of the extent and causes of food insecurity in northern Ghana using a livelihood vulnerability framework [J]. Geojournal, 2006, 67 (1): 41 –55.

[37] Ho, C. Grandchild Care, Intergenerational Transfers, and Grandparents´Labor Supply [J]. Working Papers, 2013: 1 –26.

[38] Johan, Nilsson, Robert, et al. Changes in the expression of worries, anxiety and Generalized anxiety disorder with increasing age: A population study

of 70 – 85 year – olds. [J]. International Journal of Geriatric Psychiatry, 2019, 34 (2): 249 – 257.

[39] Jonathan, Gruber, Peter, et al. Does the Social Security Earnings Test Affect Labor Supply and Benefits Receipt? [J]. National Tax Journal, 2003.

[40] Jones, F. J. B. The Effects of Health Insurance and Self – Insurance on Retirement Behavior [J]. Econometrica, 2011, 79 (3): 693 – 732.

[41] Kinsella, J., Wilson, S., Jong, F. D., et al. Pluriactivity as a Livelihood Strategy in Irish Farm Households and its Role in Rural Development [J]. Sociologia Ruralis, 2000.

[42] Koczberski, G., Curry, G. N. Making a living: Land pressures and changing livelihood strategies among oil palm settlers in Papua New Guinea [J]. Agricultural Systems, 2005, 85 (3): 324 – 339.

[43] Lumsdaine, R. L., Vermeer, S. J. C. Retirement Timing of Women and the Role of Care Responsibilities for Grandchildren. Demography, 2015, 52 (2): 433 – 454.

[44] Luo, Yong, Chen, et al. Post – disaster resettlement and livelihood vulnerability in rural China [J]. Disaster prevention and management, 2017.

[45] Mccusker, B., Carr, E. R. The co – production of livelihoods and land use change: Case studies from South Africa and Ghana [J]. Geoforum, 2006, 37 (5): 790 – 804.

[46] Micah, B. Hahn, Anne, M. Riederer, Stanley, O. Foster. The Livelihood Vulnerability Index: A pragmatic approach to assessing risks from climate variability and change—A case study in Mozambique [J]. Global Environmental Change, 2009, 19 (1): 74 – 88.

[47] Morse, Stephen & McNamara, Nora & Acholo, Moses. Sustainable livelihood approach: A critique of theory and practice. Geographical Paper. 2009, 189. 1 – 68. 10. 1007/978 – 94 – 007 – 6268 – 8.

[48] Moser, CON. The asset vulnerability framework: Reassessing urban

poverty reduction strategies [J]. World Development, 1998, 26 (1): 1 - 19.

[49] Muller - Boker, Kollmair. Livelihood strategies and local perceptions of a new nature conservation project in Nepal - The Kanchenjunga Conservation Area Project [J]. MT RES DEV, 2000, 2000, 20 (4): 324 - 331.

[50] Oshio, Takashi, Usui, et al. Labor force participation of the elderly in Japan [J]. Cis Discussion Paper, 2016.

[51] Oswald, A. J. Happiness and Economic Performance [J]. Economic Journal, 1997 (445): 1815 - 1831.

[52] Panthi, J., Aryal, S., Dahal, P., et al. Livelihood vulnerability approach to assessing climate change impacts on mixed agro - livestock smallholders around the Gandaki River Basin in Nepal [J]. Regional Environmental Change, 2016, 16 (4): 1121 - 1132.

[53] Paul Collier. Social Capital and Poverty [R]. The World Bank, Environmental and Socially Sustainable Development Network, 1998.

[54] Patience, Mutopo. Belonging and rural livelihoods: women's access to land and non - permanent mobility at merrivale farm, Mwenezi District, Zimbabwe [J]. Erdkunde, 2014.

[55] Queiroz, B. L., Ferreira, M. L. A. The Evolution of the Elderly Labor Force Participation and Retirement in Brazil: 1980 - 2025 [C] // Meeting of the Population Association of America. 2016.

[56] Raab, R., Gannon, B. Diversity of labor supply incentives and retirement: evidence from Ireland [J]. Journal of Economic Policy Reform, 2014: 17.

[57] Rakodi, C. A Capital Assets Framework for Analysing Household Livelihood Strategies: Implications for Policy [J]. Development Policy Review, 1999, 17 (3).

[58] Reddy, A. B. Labor Force Participation of Elderly in India [C] // Population Association of America. 2014.

[59] Robert, E. L. Roberts, Leslie, N. Richards PhD & Vern Bengt-

son. Intergenerational Solidarity in Families [J]. Marriage & Family Review, 1991 (16): 1 -2, 11 -46.

[60] Schuring, M., Robroek, S. J., Otten, F. W., et al. The effect of ill health and socioeconomic status on labor force exit and re - employment: a prospective study with ten years follow - up in the Netherlands [J]. Scandinavian Journal of Work Environment & Health, 2013, 39 (2): 134 -143.

[61] Scoones, I. Sustainable Rural Livelihoods: A Framework for analysis [J]. IDS Working Paper 72. Institute of Development Studies; Brighton, UK: 1998.

[62] Shete, Maru. (2015). Implications of land deals to livelihood security and natural resource management in Benshanguel Gumuz Regional State, Ethiopia. 10. 13140/RG. 2. 1. 2648. 7208.

[63] Silverstein, M., Bengtson, V. L. Intergenerational Solidarity and the Structure of Adult Child - Parent Relationships in American Families [J]. American Journal of Sociology, 1997, 103 (2): 429 -460.

[64] Singh, N., Gilman, J. Making Livelihoods more Sustainable [J]. International Social Science Journal, 2010, 51 (162): 539 -545.

[65] Tao, T. C. H., Wall, G. Tourism as a sustainable livelihood strategy [J]. Tourism Management, 2009, 30 (1): 90 -98.

[66] United Nations Population Division, "World Population Prospects: The 2010 Revision" [R]. New York: UN Population Division, 2011.

[67] Vearey, Joanna. Migration, access to ART, and survivalist livelihood strategies in Johannesburg [J]. African Journal of Aids Research, 2008, 7 (3): 361 -374.

[68] VidyaB. R., Mamidi B. B., SujathaS. The Impact of Special Economic Zones in India: A Caste Study of Polepally SEZ [EB/OL]. http://www. future - agricultures. org/papers - and - presentations/cat_view/1551 - global - land - grab/1556 - presentations, 2011 -04 -06.

[69] Vishal, Narain. Growing city, shrinking hinterland: land acquisi-

tion, transition and conflict in peri – urban Gurgaon, India [J]. Environment and Urbanization, 2009, 21 (2): 501 – 512.

[70] Wang, C. W. et al. Suicide rates in China from 2002 to 2011: an update [J]. Social Psychiatry & Psychiatric Epidemiology, 2014, 49 (6): 929 – 941 (13).

[71] Whelan, S. Work or care? The labour market activity of grandparents in Australia. Paper presented at the Child Care, Work, and Family: Issues for Australian Policy, Canberra, 2012.

[72] Yaro, Awetori J. Theorizing food insecurity: building a livelihood vulnerability framework for researching food insecurity [J]. Norsk Geografisk Tidsskrift – Norwegian Journal of Geography, 2004, 58 (1): 23 – 37.

[73] Y. Yue. Intergenerational Contracts and Female Labor Supply. 2016.

[74] 陈健．健康对中老年人劳动供给时间的影响分析 [D]. 天津财经大学, 2017.

[75] 陈强．计量经济学及 Stata 应用 [M]. 高等教育出版社, 2015.

[76] 成得礼．对中国城中村发展问题的再思考——基于失地农民可持续生计的角度 [J]. 城市发展研究, 2008 (3): 68 – 79.

[77] 程进华．切实解决好灾后移民的生计 [J]. 理论导报, 1999 (5): 46.

[78] 崔红志．农村老年人主观幸福感影响因素分析——基于全国 8 省（区）农户问卷调查数据 [J]. 中国农村经济, 2015 (4): 72 – 80.

[79] 崔烨, 靳小怡．家庭代际关系对农村随迁父母心理福利的影响探析 [J]. 中国农村经济, 2016 (6): 15 – 29.

[80] 党俊斌．中国城乡老年人生活状况调查报告 2018 [M]. 社会科学文献出版社, 2018.

[81] 童玉芬, 廖宇航．健康状况对中国老年人劳动参与决策的影响 [J]. 中国人口科学, 2017 (6): 105 – 116.

[82] 杜鹰．退耕还林保口粮还是第一位的 [J]. 中国改革, 2000 (7): 20.

[83] 费孝通．家庭结构变动中的老年赡养问题——再论中国家庭结构的变动 [J]．北京大学学报（哲学社会科学版），1983（3）：7-16.

[84] 封进，韩旭．退修年龄制度对家庭照料和劳动参与的影响 [J]．世界经济，2017（6）：145-166.

[85] 封进．人口老龄化、社会保障及对劳动力市场的影响 [J]．中国经济问题，2019（9）：15-33.

[86] 何仁伟，李光勤，刘邵权，徐定德，李立娜．可持续生计视角下中国农村贫困治理研究综述 [J]．中国人口·资源与环境，2017，27（11）：69-85.

[87] 何仁伟，刘邵权，陈国阶，谢芳婷，杨晓佳，梁岚．中国农户可持续生计研究进展及趋向 [J]．地理科学进展，2013，32（4）：657-670.

[88] 胡洪曙，鲁元平．收入不平等、健康与老年人主观幸福感——来自中国老龄化背景下的经验证据 [J]．中国软科学，2012（11）：41-56.

[89] 胡宏伟，高敏，王剑雄．老年人主观幸福感的影响因素与提升路径分析——基于对我国城乡老年人生活状况的调查 [J]．江苏大学学报（社会科学版），2013（4）：48-54.

[90] 黄建伟．失地农民可持续生计问题研究综述 [J]．中国土地科学，2011，25（6）：89-95.

[91] 黄庆波，杜鹏，陈功．成年子女与老年父母间代际关系的类型 [J]．人口学刊，2017，39（4）：102-112.

[92] 姜向群，郑研辉．中国老年人的主要生活来源及其经济保障问题分析 [J]．人口学刊，2013（2）：42-48.

[93] 蒋选，郝磊．基于 Tobit 模型的中老年劳动供给影响因素分析 [J]．财经理论研究，2017（2）：31-39.

[94] 乐章，刘二鹏．家庭禀赋、社会福利与农村老年贫困研究 [J]．农业经济问题，2016（8）：63-73.

[95] 乐章，鲁志敬．生计资本视角下城乡老年人生活幸福感的比较——基于中国综合社会调查（2013）的实证分析 [J]．湖北经济学院学

报，2016，14（4）：61-67.

［96］李聪，李树茁，费尔德曼，邰秀军．劳动力迁移对西部贫困山区农户生计资本的影响［J］．人口与经济，2010（6）：20-26.

［97］李聪，柳玮，黄谦．陕南移民搬迁背景下农户生计资本的现状与影响因素分析［J］．当代经济科学，2014，36（6）：106-112.

［98］李丹，许娟，付静．民族地区水库移民可持续生计资本及其生计策略关系研究［J］．中国地质大学学报：社会科学版，2015，15（1）：51-57.

［99］李建新．老年人口生活质量与社会支持的关系研究［J］．人口研究，2007（3）：50-60.

［100］李慷．农户生计经济行为浅析［J］．农村经济与社会，1990（2）：22-36.

［101］李慷．农户生计经济消费行为探析：湖南省桃源农村社区调查［J］．消费经济，1990（2）：49-52.

［102］李琳一，李小云．浅析发展学视角下的农户生计资产［J］．农村经济，2007（10）：100-104.

［103］李萌，陆蒙华，张力．老年贫困特征及政策含义_基于CHARLS数据的分析［J］．人口与经济，2019（3）：102-114.

［104］李梦竹．代际经济支持对农村老年人劳动参与的影响——基于CHARLS2013的实证研究［J］．调研世界，2018（4）：26-31.

［105］李树茁，徐洁，左冬梅，曾卫红．农村老年人的生计、福祉与家庭支持政策——一个可持续生计分析框架［J］．当代经济科学，2017，39（4）：1-10.

［106］李越，崔红志．农村老人主观幸福感及其影响因素分析——基于山东、河南、陕西三省农户调查数据分析［J］．中国农村观察，2014（4）：18-28.

［107］刘家强，罗蓉，石建昌．可持续生计视野下的失地农民社会保障制度研究——基于成都市的调查与思考［J］．人口研究，2007，31（4）：27-34.

[108] 陆五一，李祎雯，倪佳伟. 关于可持续生计研究的文献综述 [J]. 中国集体经济，2011 (3)：83 - 84.

[109] Martha G. Roberts，杨国安. 可持续发展研究方法国际进展——脆弱性分析方法与可持续生计方法比较 [J]. 地理科学进展，2003 (1)：11 - 21.

[110] 穆光宗. 家庭空巢化过程中的养老问题 [J]. 南方人口，2002 (1)：33 - 36.

[111] 纳列什·辛格，乔纳森·吉尔曼，祝东力. 让生计可持续 [J]. 国际社会科学杂志：中文版，2000，17 (4)：123 - 129.

[112] 宁泽逵. 农户可持续生计资本与精准扶贫 [J]. 华南农业大学学报 (社会科学版)，2017，16 (1)：86 - 94.

[113] 彭青云. 老年人长期照料方式选择偏好的影响因素研究——基于中国老年社会追踪调查 (CLASS) 数据 [J]. 老龄科学研究，2017，5 (7)：54 - 63.

[114] 亓寿伟，周少甫. 收入、健康与医疗保险对老年人幸福感的影响 [J]. 公共管理学报，2010 (1)：100 - 107.

[115] 沈可，程令国，魏星. 居住模式如何影响老年人的幸福感? [J]. 世界经济文汇，2013 (6)：89 - 100.

[116] 申珊. 养老金收入对农村老年人劳动供给决策的影响研究 [J]. 市场周刊，2019 (1)：188 - 190.

[117] 舒洋. 中国老年人口劳动参与的影响因素研究 [D]. 华东师范大学，2020.

[118] 宋健，王记文，秦婷婷. 孙子女照料与老年人就业的关系研究 [J]. 人口与经济，2018 (3)：92 - 103.

[119] 宋璐，李树茁. 子女迁移对农村老年家庭生计资本的影响——基于家庭结构的可持续生计分析 [J]. 人口研究，2017，41 (3)：65 - 75.

[120] 苏芳. 可持续生计：理论、方法与应用 [M]. 中国社会科学出版社，2015：141.

[121] 苏芳，蒲欣冬，徐中民，王立安．生计资本与生计策略关系研究——以张掖市甘州区为例［J］．中国人口·资源与环境，2009，19（6）：119－125.

[122] 苏芳，徐中民，尚海洋．可持续生计分析研究综述［J］．地球科学进展，2009，24（1）：61－69.

[123] 孙绪民，周森林．论我国失地农民的可持续生计［J］．理论探讨，2007（5）：90－92.

[124] 唐丽霞，李小云，左停．社会排斥，脆弱性和可持续生计：贫困的三种分析框架及比较［J］．贵州社会科学，2010（12）：4－10.

[125] 汤青．可持续生计的研究现状及未来重点趋向［J］．地球科学进展，2015，30（7）：823－833.

[126] 王丰，安德鲁·梅森．中国经济转型过程中的人口因素［J］．《中国人口科学》，2006（3）：2－18.

[127] 王琳，邬沧萍．聚焦中国农村老年人贫困化问题［J］．社会主义研究，2006（2）：68－70.

[128] 吴敏．农村老年人劳动参与意愿的经济因素分析［J］．人口与发展，2016，22（2）：56－63，55.

[129] 吴玉韶．中国老龄事业发展报告2013［M］．社会科学文献出版社，2013.

[130] 乌仁格日乐．人口老龄化对中国经济增长的积极效应［D］．中央财经大学，2015.

[131] 谢旭轩．退耕还林对农户可持续生计的影响［C］//第二届生态补偿机制建设与政策设计高级研讨会．2008.

[132] 熊波、石人炳．中国家庭代际关系对代际支持的影响机制——基于老年父母视角的考察［J］．人口学刊，2016，38（5）：102－111.

[133] 熊吉峰．资源、生计与农村失能老人的家庭照护［J］．农村经济，2014（4）：116－119.

[134] 徐鹏，徐明凯，杜漪．农户可持续生计资产的整合与应用研究——基于西部10县（区）农户可持续生计资产状况的实证分析［J］．

农村经济，2008（12）：89－93.

［135］阎建忠，吴莹莹，张镱锂，等．青藏高原东部样带农牧民生计的多样化［J］．地理学报，2009，64（2）：221－233.

［136］阎建忠，喻鸥，吴莹莹，等．青藏高原东部样带农牧民生计脆弱性评估［J］．地理科学，2011，27（7）：858－867.

［137］杨皓，王伟，朱永明等．退耕还林对农户可持续生计的影响——河北省以保定市涞水县为例［J］．水土保持通报，2015（4）：263－267.

［138］杨利勤主编．管理学原理与方法［M］．首都师范大学出版社，2009.

［139］杨云彦，赵锋．可持续生计分析框架下农户生计资本的调查与分析——以南水北调（中线）工程库区为例［J］．农业经济问题，2009（3）：58－65.

［140］叶晗．代际支持对城镇中老年人口劳动参与行为的影响研究［D］．浙江大学，2015.

［141］于丽，马丽媛，尹训东，Belton Fleisher．养老还是“啃老”？——基于中国城市老年人的再就业研究［J］．劳动经济研究，2016，4（5）：24－54.

［142］曾逸群．可持续生计视角下的农村老人自我养老问题探析——基于湖南省张家界市桑植县S村的实地调研［J］．中国商论，2020（11）：69－73.

［143］张聪，武继磊．健康对我国中老年人劳动参与时间的影响［A］．北京大学研究生院．第四届北京大学老龄健康博士生论坛论文集［C］．北京大学研究生院：武汉万城云文化传媒有限公司，2019：17－29.

［144］张大维．生计资本视角下连片特困区的现状与治理——以集中连片特困地区武陵山区为对象［J］．华中师范大学学报（人文社会科学版），2011，50（4）：16－23.

［145］张敦福主编．《现代社会学教程》［M］．高等教育出版社，2001.

［146］张会萍，胡小云，惠怀伟．土地流转背景下老年人生计问题研究——基于宁夏银北地区的农户调查［J］．农业技术经济，2016（3）：56－67.

［147］张科静，黄朝阳，丁士军．国外农民失地与可持续生计重建：一个研究综述［J］．学术论坛，2013，36（12）：148－151.

［148］张丽萍，张镱锂，阎建忠，等．青藏高原东部山地农牧区生计与耕地利用模式［J］．地理学报，2008，63（4）：377－385.

［149］张若恬，张丹，李树茁．当代中国老年人养老资本、策略与福祉——基于2014年中国老年社会追踪调查数据的分析［J］．西安交通大学学报（社会科学版），2018，38（4）：72－83.

［150］赵兴玲，骆华松，黄帮梅，李燕冰．可持续生计视角下失地农民长远生计问题探究［J］．云南地理环境研究，2009，21（1）：40－43.

［151］赵雪雁，李巍，杨培涛，刘霜．生计资本对甘南高原农牧民生计活动的影响［J］．中国人口·资源与环境，2011，21（4）：111－118.

［152］赵雪雁．生计资本对农牧民生活满意度的影响——以甘南高原为例［J］．地理研究，2011，30（4）：687－698.

［153］郑晓冬，方向明．劳动力转移如何影响农村老年人健康——基于路径分析方法的检验［J］．中国农业大学学报，2017，22（8）：188－198.

［154］周云波，曹荣荣．新农保对农村中老年人劳动供给行为的影响——基于PSM－DID方法的研究［J］．人口与经济，2017（5）：95－107.

［155］朱晓，范文婷．中国老年人收入贫困状况及其影响因素研究——基于2014年中国老年社会追踪调查［J］．北京社会科学，2017（1）：90－99.